古典文獻研究輯刊

初 編

潘美月・杜潔祥 主編

第28冊

論章學誠的方志理論與「方志學」

宋 天 瀚 著

我國方志地圖研究：以明代方志地圖為例

劉 廷 祥 著

國家圖書館出版品預行編目資料

論章學誠的方志理論與「方志學」，宋天瀚著／我國方志地圖
的研究：以明代方志地圖為例，劉廷祥著 ─ 初版 ─ 台北縣永
和市：花木蘭文化工作坊，2005〔民94〕
目1 +81 面＋序1+ 目3 +120 面；19×26公分
（古典文獻研究輯刊 初編；第28冊）
ISBN：986-7128-03-6（精裝）
1.（清）章學誠－學術思想－方志學　地圖學－中國－明
　　（1368-1644）
670.1　　　　　　　　　　　　　　　　　　94018958

ISBN 986-7128-03-6

古典文獻研究輯刊

初　編　第二八冊　　　　　　　ISBN：986-7128-03-6

宋天瀚：論章學誠的方志理論與「方志學」
劉廷祥：我國方志地圖的研究：以明代方志地圖為例

作　　者　宋天瀚／劉廷祥
主　　編　潘美月　杜潔祥
企劃出版　北京大學文化資源研究中心
出　　版　花木蘭文化工作坊
發 行 所　花木蘭文化工作坊
發 行 人　高小娟
聯絡地址　台北縣永和市中正路五九五號七樓之三
　　　　　電話：02-2923-1455／傳真：02-2923-1452
電子信箱　sut81518@ms59.hinet.net
初　　版　2005年12月
定　　價　初編40冊（精裝）新台幣62,000元

論章學誠的方志理論與「方志學」

宋天瀚　著

作者簡介

宋天瀚　1967年生於台北，先後畢業於國立藝專雕塑科、中國文化大學史學系，1999年起任教於台灣彰化員林中州技術學院，2004年擔任視訊傳播系主任迄今，並於中國文化大學史學研究所博士班進修。求學時期專注於史學理論、史學史、文化比較研究，對於思想有極濃厚興趣。擔任教職後漸轉入研究影像、史學與思想理論，並從事影像創作。

提　要

　　近幾十年來「方志學」成為一門熱門的學術，吸引許多學者從事研究，地方志的體裁包括地理與人文，清代以來對於地方志應該屬於地理或者歷史，一直爭論不休；延續到民國以來對於地方志應該屬於何種性質以及它的沿流如何？學術界尚無定論。在方志學成立的過程之中，章學誠扮演著重要的角色，並且在章學誠編纂方志的過程中，曾經與清代樸學考據大師戴震以及洪亮吉有過精采的辯論；民國以來研究方志學的學者常將章學誠歸為「歷史派」，將戴震與洪亮吉歸為「地理派」，而所謂的「地理」與「歷史」的劃分方式，事實上也可以被視為是章學誠與戴震二人爭辯的延續，然而對於這種劃分方式在知識的性質與內容上究竟為何？史學界仍然疏於探討，因此題為：論章學誠的方志理論與「方志學」，文中分為五章：

　　第一章，緒論──「方志學」的重新閱讀：對於民國以來關於章學誠與方志學的研究，做一學術史的回顧。探討方志學是如何在現代的學科分類中，獨立成為一門的學科，以及現代學者是透過何種角度來理解地方志，而這種理解方式的來源為何；當解釋地方志的性質時，有何理解上的侷限性，因此本章除了討論現代學者使用「地理」──《禹貢》，或者「歷史」──《周禮》作為方志來源的方式是否恰當外，也將扣緊分析「五四」以來所面臨的歷史解釋的困境。

　　第二章，章學誠的方志理論：針對章學誠的方志理論作深入的探討，分析章學誠的方志理論與其史學理論之間的關係，來說明章學誠幾個重要的主題〈修志十議〉，〈人物表〉與其《文史通義》中內篇的主張有何關聯性。

　　第三章，章學誠與戴震、洪亮吉的辯論：從體例上的差異，分別探討戴震與洪亮吉的方志理論，與章學誠的方志理論做一比較分析，藉由比較戴震、洪亮吉與章學誠之間的差異來突顯他們之間的異同，從而導引出所謂的「地理」與「歷史」的爭端，其實是知識方法上的兩種類型。

　　第四章，地方志知識的成立與性質：分別探討章學誠、戴震、洪亮吉對於方志體例與理論上的不同主張，探討這兩種知識型態對於地方志知識成立的意義。

　　第五章，結論：解釋章學誠與戴震二人的差異，在於雙方論學立場的不同，並且試圖從雙方的共同點以及對於傳統學術的重新理解，提出方志在性質上的獨特性，作為全文總結。

謝　辭

僅以此書紀念錢新組老師以及感謝宋晞老師的辛勤指導

　　一九九四年的暑假，當時我剛考入中國文化大學史學研究所碩士班，錢新祖老師則在是年暑假到文化大學擔任專任教授。錢老師能來學校任教，當時對於文化大學的學生是很大的鼓舞。但是由於我修了一門蔡彥仁老師教授的「西洋上古史專題討論」已超修了一學分，加上聽說錢老師的課份量很重，所以我當時打算在第一年修課時就將大多數可以修的課修完，以便第二學期集中全力，將錢老師的課修畢。沒想到這樣子的規劃造成了日後的遺憾：第二年的暑假，錢老師就因為醫院誤診，延誤病情，住進了台大醫院，並且，已經將左臂整個切除了。當時透過系上李紀祥老師的介紹，終於在臺大醫院見到了錢新祖老師，這是我第一次見錢老師。老師當時左手臂已經切除，卻仍然談笑風生的談論著我的一篇報告，並且在病房中他接受了我的請求，擔任我的碩士論文指導教授。然而，錢老師的病情卻讓他再也無法走入教室了。接著我便與鍾玥岑學姊輪流照顧老師，僅有很短暫的時間錢老師回到陽明山上學校提供的宿舍，其他大部分時間都在臺大醫院。夜間由我負責照顧錢老師的起居，每當晚班護士為錢老師護理好一切後，老師便會問我學校的功課以及近來閱讀的情況，對於我的碩士論文題目，老師雖然仍在病中，卻能夠針對我的題目無論古今中外引經據典的侃侃而談，指導我的閱讀。那年的冬天，錢老師終於抵擋不住病魔的摧殘不幸逝世。隨後，我的指導教授就由宋晞老師擔任。

　　宋老師是一位諄諄長者，慈祥中帶著一份嚴厲，但是我清楚的知道，那份嚴厲是來自於他對學術的堅持，對於我在論文寫作過程中的一些討論，宋老師總是尊重並且鼓勵我提出來的，在宋晞老師的指導下完成了我的學位論文。隨後便入伍服役接著入社會擔任教職迄今，轉眼間已經過了十個年頭，現在回想起來這一段過程仍然使我傷心感懷。猶記得錢老師過世的前一天，當時他已經完全無法自主並且發著高燒，但是意識仍然十分清楚，就在幾個小時前，他已知道醫師宣布他身體上的癌細胞已經擴散，等於是宣判了他的死刑，他的情緒變的很激動，在病床前，老師抓著我的頭髮，一次又一次問我「懂了沒？」，當時我無法回應老師

的問話，這十年來，我經常思索著當晚的情景，雖然如今我已經歷了人生的幾個重要階段，生命的閱歷愈加豐富，然而，當晚的情景我卻仍然無法釋懷，老師究竟要我「懂」什麼？還是一場臨別的儀式？現在我仍然無法解讀當晚的意涵，也無從回答錢老師的問題，只是我仍然在史學這一條漫無止境的路上追尋著「意義」，時常問自己究竟「懂」了什麼？而今這本研究論文即將出版，除了要對於宋晞老師、李紀祥老師、王吉林所長，以及「古典文獻研究輯刊」的主編，潘美月教授和杜潔祥教授，表達感謝之意，同時我也要藉此書的出版紀念錢新祖老師。

　　最後，本書脫稿於十年前，這十年來針對「方志學」以及「章學誠」的論著學術界迭有佳作付梓，許多為當時所不及見，本書誤謬之處謹祈各方專家學者不吝賜教。

宋天瀚　謹識

2005/6/20 於台灣彰化員林

目

錄

第一章　緒論──「方志學」的重新閱讀

　　章學誠的《文史通義》向來被視爲是中國史學批評的重要著作。自本世紀初以來，日本學者內藤湖南開啓了研究章學誠以及晚清學術思想的風氣，研究章學誠的著作包括單篇文章已經到了汗牛充棟的地步，這些著作大都注目於章學誠的史學理論與義理詮釋，少部份提到章學誠的文史及方志理論，然而《文史通義》共分內、外兩篇，內篇所記載的大多是章學誠的文史理論，或者也可稱之爲章氏對於五經的義理詮釋，而外篇則多是討論方志編修的理論，與許多由章氏編修的方志所遺留下來的殘篇。長久以來《文史通義》一直是從事文史哲研究工作的學者所熱中討論的題目，但大多數的學者側重於解釋章學誠在義理方面的成就，而忽略外篇中許多關於方志的主張以及這兩者之間的關係如何。

　　近十幾年來「方志學」成爲國際上的熱門學問，許多學者在討論這項特殊的史學編纂傳統時，多會附帶的提及章學誠的方志主張，有些學者將章學誠視爲方志學的奠基者，也有從方志源流的角度，將章學誠的方志理論視爲方志編纂理論的一個分枝。現階段的「章學誠」研究成果大致是屬於這兩類，其中當以胡適之著、姚名達訂補的《章實齋先生年譜》，以及兩位外國學者戴密微（P.Demieville）〔註1〕以及倪文遜（David S.Nivison）爲最重要〔註2〕。中文世界的專著有余英時的《論戴震與章學誠》〔註3〕，另外還有不少學者的單篇論文發表在各種學術刊物

〔註1〕戴密微（P. Demieville），*"Chang Hsueh-ch'eng and Historiography,"* W . G . Beasley and E. G. Pulleyblank. eds, *Historians of china and Japan* , London, Oxford University Press, 1961.

〔註2〕倪文遜（David S. Nivison），*The Life and Thought of Chang Hsueh-ch'eng*（1738～1801）, Stanford University Press,1966.

〔註3〕余英時，《論戴震與章學誠》（台北：華世出版社印行，民國 69）。

〔註4〕，日本學者也有不少關於章學誠的研究成果發表〔註5〕，這些單篇論文又以圍繞在討論章學誠「六經皆史」、「史學經世」等命題居多，只有少數的文章兼涉及討論到章學誠撰修地方志的主張。以章學誠方志理論為主要研究的專著仍然非常稀少，主要有朱士嘉在 1950 年畢業於哥倫比亞大學的博士論文，Chang Hsueh-ch'eng His contributions to Chinese Local Historioraphy.〔註6〕，以及倉修良先生的《章學誠和文史通義》〔註7〕，其他則是一些單篇論文或者是在以「方志學」為題目的專書中附帶提及〔註8〕。

〔註 4〕關於「六經皆史」說的討論主要有：孫德謙，〈申章實齋六經皆史說〉，《學衡》，第二十四期，1923 年 12 月。錢鍾書，〈章實齋六經皆史說源補闕〉，《談藝錄》（上海：開明書局出版，民國 37。周予同、湯志均合撰，〈章實齋六經皆史說初探〉，中華文史叢書，第一期，1962，後收入於《周予同經學史論著選集》（上海，人民出版社，1983），頁 711～727。周予同，〈五十年來中國之新史學〉；陸寶千，〈嘉道史學——從考據到經世〉這兩篇文章皆收錄於《中國史學史論文選集》，第三冊，（台北：華世出版社，民國 74）；鄭吉雄，〈論章學誠的「道」與經世思想〉，（台大中文學報，第五期，民國 81）；周啟榮，〈史學經世：試論章實齋「文史通義」獨缺「春秋教」的問題〉，《師大歷史學報》，第十八期，民國 79；蔣義斌，〈章學誠「六經皆史」的意旨〉，《華岡文科學報》，第十六期，民國 77；黃兆強，〈六十五年來之章學誠研究〉，《東吳文史學報》，第九期，民國 80。在碩博士論文方面，主要有：白安理，〈西方漢學家研究文史通義的商兌〉，（台灣大學中文研究所博士論文，1982）。林劍誠，〈清章實齋六經皆史說研究〉，（高雄師範大學中文研究所碩士論文，1983）。張光前，〈章學誠的知識理論〉，（輔仁大學中文研究所碩士論文，1992）。宋家復，〈章學誠的歷史構想與比較研究〉，（台灣大學歷史學研究所碩士論文，1992）。呂敏惠，〈章學誠方志學研究〉，（台灣大學中文研究所碩士論文，1995）。

〔註 5〕日文方面的單篇文章，主要有島田虔次，〈六經皆史說〉收入於《日本學者研究中國史論著選譯》（北京：中華書局出版，1993 年 9 月，頁 181～210。高田淳，〈章學誠の史學思想について〉，東洋學報第四七卷第一號，昭和三十九年（1964 年 6 月 30 日），頁 61～93。三田村泰助，〈章學誠の「史學」の立場〉，東洋史研究，第十二卷第一號，昭和二十七年（1952 年 9 月），頁 1～17。高橋武雄，〈章學誠の普遍史學〉，史學研究，第六號，昭和二十六年（1951 年）。山口久合，〈章學誠のテクスト論——乾嘉樸學の讀書論とその批判〉，中國——社會の文化，平成八年六月（1996），頁 173～197。

〔註 6〕Chu Shih Chia, *Chang Hsueh-Ch'eng, His Contributions To Chinese Lacal Historiography*, Columbia University Press, 1950.（漢學中心微卷影印）。

〔註 7〕倉修良，《章學誠和文史通義》（北京：中華書局，1984 年 12 月第一版）。

〔註 8〕單篇文章有繆全吉，〈章學誠議立志（乘）科的經世思想探索〉、周啟榮、劉廣京合撰，〈學術經世：章學誠之文史論與經世思想〉皆收入於《近世中國經世思想研討會論文集》，中央研究院近代史研究所編，民國 73 年。陳鵬鳴，〈章學誠史學批評的目的與方法〉，《史學理論研究》，1995。專著方面有黃葦，《方志學》（上海：復旦大學出版社，1993 年 6 月第一版）。彭靜中，《中國方志簡史》，四川大學出版社 1990 年 8 月第一版。傳振倫，《中國方志學通論》（台北：商務印書館印行，民國

　　就內容而言，除了兩本英文著作之外最重要的當屬於余英時先生的著作，該書結合了他個人不同時期的幾篇文章而成，他所提出來的許多觀點仍然受到現代學術界的重視。例如余先生認為清代學術的發展方向，乃是由宋代以來的陸王「尊德性」的心學傳統，轉變到以程朱的「道問學」為儒學之主流，並且指出章實齋以「六經皆史」說，來對抗以戴震為主要對象的考據學家，其實只是「朱陸異同」的清代翻版。這個說法其實是余教授的老師錢穆，在《中國近三百年學術史》中所提出來「章實齋對抗考據學」的觀點延續。余教授的創見，乃是他運用心理分析的方法，描述章學誠所面臨心理認同的壓力，促使章學誠提出「六經皆史」，以及自我比附為繼承浙東學術傳統，來實現其自我認同，對抗當時的考據學風所帶給他的壓力，而他也提出章學誠以「寓虛理於實學」的觀點與戴震「德性資於學問」的主張，同樣表現出清代儒學「智識主義」（Confucian Intellectualism）的興起〔註9〕。

　　余教授的這些看法誠然為不世之論，雖然余教授也指出章學誠「通過方志和《史籍考》的編纂，他逐漸建立了『以史概經』、『以今代古』的理論根據。這個理論最後則凝聚在『六經皆史』這一中心命題中。」〔註10〕，余先生提問題的方式其實是延續戴密微以及倪文遜兩位先生的觀點，將章學誠視為一個哲學家在哲學的脈絡裡來研究章學誠，著重於討論章學誠關於「道」與「器」之間的關聯，並且接續著戴密微、倪文遜以維科（Vico）與科靈烏（R.G. Collingwood）來對比章學誠的研究型態，余先生繼續申論了科靈烏與章學誠之間的同質性〔註11〕。

　　從哲學的角度來研究章學誠其實是當今學術界的主流，雖然倪文遜先生也指出，章學誠的治學方法是從實際的經驗來貫穿整個思想，由編修方志以及對於《易經》和史籍源流的理解，體現出《章氏遺書》內篇〈原學〉、〈原道〉篇中諸多概

---

55 年）。李泰棻，《方志學》（台北：台灣商務印書館，民國 57 年）。林衍經，《方志學綜論》（上海：華東師範大學出版，1988）。倉修良，《方志學通論》（濟南：齊魯書社出版，1990）。林天蔚，《方志學與地方史研究》（台北：南天書局發行，民國 84 年）。黎錦熙，《方志今議》（北京：中國展望出版社出版，1982）。黃葦，《方志論集》（上海：浙江人民出版社，1983）。瞿宣穎，《方志考稿甲集》（上海，上海書店，1990）。

〔註 9〕余英時，《論戴震與章學誠》（台北：華世出版社印行，民國 69 年），頁 63。
〔註 10〕前引書，頁 53。
〔註 11〕西方學術界討論章學誠，往往採取類比性的方式來研究《文史通義》，章學誠時常出現在與西方學者例如維科、黑格爾、柯靈烏對比的論述中，對於這種類比性的關係架構所可能產生的誤解，白安理在其博士論文中有詳細的解說，見白安理，〈西方漢學家研究文史通義的商兌〉，（台灣大學中文研究所博士論文，1982）。

念，但是倪文遜先生畢竟較用力於討論章學誠的哲學主張。這樣子的分法也不僅只是因為《章氏遺書》的在體例上內、外兩篇分別記載的差異，轉換成從當代儒學的角度來看章學誠的思想，也顯得是一種思想觀念與現實世界關聯的兩重領域，導致了研究者往往只注意內篇之中較具義理性的討論，相對於外篇關於方志體例而言就顯得瑣碎與散漫。當然，無可否認的內篇是章學誠思想的核心，正如同倪文遜在文章中所說的「道」的形成與轉變，是聖人一代又一代所累積的經驗，而表現在具體的史書編纂工作上〔註 12〕。既然章學誠對於儒家經典「義理」的詮釋，是奠基於方志與《史籍考》等實際編纂工作之上，那麼在討論章學誠幾個在現今歷史學界裡響徹雲霄的口號之前，似乎有必要先檢討章學誠的方志理論，與其《遺書》內篇中的義理詮釋是否關聯，以及章學誠是如何經由編修方志的工作上堆砌出他的文史理論〔註 13〕。

當然，現在學者承認清代學術的「經世」傾向，而這也的確是章學誠主張撰寫方志的目的，但是「經世思想」在不同的時代環境之下，因著個人的志趣取向不同，可以有很多種不同的體現方式。雖然方志的記錄以直接描述具體的事物，用最直接的方式觀察、記錄現象的存在，但卻不代表傳統方志在寫作上缺乏理論性與觀察性語言之間的聯繫，而這種理論性與觀察性的語言，分別體現在章學誠與戴震所編纂的方志體例中，從他二人的方志體例比較下，我們可以看到兩種不同的知識類型。余教授在他的書中，引用柏林（Isaiah Berlin）的「狐狸」和「刺蝟」兩種哲學上的類型，來說明章實齋與戴震在論學方法上的差異，其實只能夠說明章、戴二人在論學性格與取向上的差異，並不能夠說明兩者所建構的知識系統有何不同。誠然如余教授在其著作中指出，客觀認知精神的建立與否關係到儒學今後的發展，清代學術雖然走向「道問學」的儒學舊傳統，並且強調「經世致用」，但是回到「道問學」的舊傳統是否就能建立為知識而知識的認知精神呢？

就第二種的研究──「方志學」而言，「方志學」成為一門獨立的學問，除了與近代歷史地理學的發展有關之外，與史學思潮的轉變亦有莫大的關係。有關民國初期的歷史地理學與中國近代史學發展的關係，目前有彭明輝先生的博士論文《歷史地理學與現代中國史學》〔註 14〕，該書詳述了「五四」時期，以北大為中

〔註 12〕David S.Nivison, *The Life and Thought of Chang Hsueh-ch'eng* （1738～1801），Standford Uinversity Press,1966.pp.140～146.

〔註 13〕余英時教授在他的文章之中，開宗明義的說道章、戴兩人的爭議，起於方志體例的爭議，但是並未深入討論。

〔註 14〕彭明輝，《歷史地理學與現代中國史學》（台北：東大出版社，民國 84 年初版），《禹

心的《禹貢半月刊》，和南京高等師範學校爲主體的《史地雜誌》，二者對近代史
學發展的影響。「五四」時期因爲民族主義的心理因素，以及受到西方科學實證的
影響所產生的歷史解釋，對於後來的歷史研究工作有著極爲重要的影響，並且也
影響後世對於地方志的性質以及體例的看法。中共曾經在 1960 年代初期，命令各
省成立方志編修機構，並且大規模的編寫地方志。但是從八〇年代開始，史學界
掀起了一股年鑑風潮，許多以區域研究（area studies）爲主題的討論，開始重視運
用地方志中豐富的記載，當作第一手史料研究的來源，這當中以施堅雅（G.W.
Skinner）襲用了人文地理學中的「中地理論」，來解釋帝制中國時期的區域經濟市
場網絡爲最著名〔註 15〕。當然，這個現象與方志學本身的發展並不相關，僅能夠
說明方志提供了現代史學研究豐富的史料來源，但也正是如此使得方志的地位淪
爲當代歷史研究的附庸，而不再是作爲一種史書編纂的體裁，地方志成爲官方檔
案文書案牘記錄的剪刀漿糊工作（雖然長久以來台灣省轄下各縣市政府仍然設有
「文獻管理委員會」，然而卻屬於酬庸性質的職務，所編輯的刊物也常淪爲檔案資
料的編纂或者成爲組織鬆散、內容雜蕪的期刊〔註 16〕。）

　　在柯文（Paul A. Cohen）那本大量被翻譯成中文的著作裡，反省美國史學界
時常以「西方觀點」來認識中國文化，認爲中國文化在受到西方文化衝擊前，一
直是一種「在傳統範圍內的變化」，未曾發生過根本上的轉變，或者認爲在西方文
化的衝擊下，傳統中國文化正面臨著逐漸步向衰亡，以及向「近代價值觀念」轉

貢雜誌》以北大顧頡剛爲主，《史地雜誌》以南京高等師範學校的柳詒徵爲指導老
師，二者針鋒相對的情況其實與當時史學界所討論的主題有關，例如「古史辨運動」
與「中國古代社會史論戰」、「科學與玄學的論戰」等，大體上南方學者對於古史傳
說與古學治學、論述方式較具有同情的理解，不似北方許多學者要「打倒孔家店」
來的激烈。彭文認爲以《史地雜誌》爲首的歷史地理學者，在治學態度上直接繼承
自章學誠的方志主張，並且較勤於介紹外國史地與西方現代歷史地理學的發展，而
《禹貢半月刊》則繼承清代的考據學風，《史地雜誌》的參與人之一張其昀先生，
對於歷史地理的素養主要來自於西方地理學的訓練，張其昀先生分別在抗戰時期於
浙江大學的所在地貴州遵義，與浙大師生合編了一本《遵義新志》，同時日後在陽
明山上創辦中國文化大學時亦編纂了《陽明山地志》，這與他受教於柳詒徵先生不
無關係。

〔註 15〕G. W. Skinner, *Marketing and Social structure in rual China*, Association for Asia
　　　　Studies,1965.根據宋晞老師的研究，施堅雅曾於 1957 年時，主編過《浙江寧紹地區
　　　　地方志目錄》，請參看宋晞，〈論流傳於美國的罕見中國地方志〉，收入於《方志學
　　　　研究論叢》（台北：台灣商務印書館，民國 79 年 9 月），頁 153。

〔註 16〕就這點而言，中國大陸與台灣、日本在方志學的研究上，正好代表兩種不同的模式：
　　　　大陸的學者研究地方志的目的，著重於討論如何記錄、編纂方志，台灣與日本的學
　　　　術界強調的是如何運用方志記載，作爲史學研究工作的資料來源。

化的道路上〔註 17〕。那麼地方志可能是前述這幾項說法的另一個例外，地方志的起源雖然非常早，但卻不是惰性地按照常規慣例一成不變的演變下去，在經歷西方文化衝擊之前，地方志已經經歷過許多次的轉型與改變，並且到現在地方志仍然維持著基本的面貌，同時也加入了許多新的內容，並未完全隨著西方強勢文化的影響而改變或者消失。

地方志的編纂工作一直是傳統中國史學的一項特色，方志記錄的內容豐富且資料充實，在現代的歷史研究工作中，方志記錄提供了學者豐富的研究資料。然而在長時期的歷史發展過程中，地方志的編纂不僅在形態上種類眾多，在時間及地域上所含涉的範圍也非常廣大，不同的地方志之間存在著相當大的差異，本世紀初以來，許多學著相率以方志記錄作為歷史學研究工作的重要資產，大量的地方志遺留成為學術界所注目的焦點，因此以地方志作為研究對象的「方志學」也受到史學界的重視〔註 18〕。研究「方志學」的學者，對於地方志應當是屬於地理或者歷史以及這兩者之間的關係如何？歷來有不同的意見。然而不可否認的，許多學者以「歷史的」或者「地理的」概念來規範方志的屬性時，時常是採取一種「近代式」的概念來理解，傳統文化中確實包含著上述的兩項因子，但卻不一定是與現代意義等同。近代方志學的成立受到章學誠的影響最大，然而在這一門學科成立的過程中，章學誠乃至於方志學本身是在什麼樣的情況下浮上學術舞台？本文的目的除了對方志學的研究作一番回顧與整理外，同時也嘗試分析這種「近代式」的觀念在理解上的侷限性，試圖整理出方志學成為一門獨立的學科與章學誠之間大致的關係。

第一節　民國以來的「方志學」研究

地方志簡稱方志，一直是中國史書編纂傳統中一項特殊的體裁，方志一詞不

〔註 17〕柯文（Paul A. Cohen）著、林同奇譯，《在中國發現歷史》（台北：稻香出版社，民國 80 年 8 月）。

〔註 18〕民國 74 年，由臺灣漢學研究中心所舉辦的「方志學國際研討會」，會中許多學者發表有關運用地方志在歷史研究工作上的重要性，例如宋晞，〈論地方志在史料學上的地位〉、王德毅，〈宋元地方志的史料價值：以選舉與學校為例〉、陳其南、邱淑如合撰，〈方志「氏族志」體例的演變與中國宗教發展的研究〉，法國學者 Pierre-Etienne Will,"Local Gazetteers as a Source for the Study of Long-term Economic Change in China：Opportunities and Problems"等，皆收入於《漢學研究通訊》，第三卷，第二期，（民國 74 年 12 月）。

僅在當代的英文用法中很難找到相對應的辭彙，在西方學術傳統裡也很難找得到相同的編纂體裁〔註19〕。地方志在現代的學術環境中之所以會得到重視，與民國以來史學思潮的轉變亦有莫大的關係，近代學者對於歷史問題的研究，在資料運用上不再局限於正史體材的記錄為滿足，許多新的課題、新的研究領域相繼的開發，促成對於資料運用的渴求〔註20〕，特別在近幾十年來受到西方學術思潮的影響，結合人類學與社會科學的研究方法，史學界開始注重地方史（local history）或區域史（area studies）的研究，許多從事斷代研究的學者，也開始注意一些專題性的題目，例如市鎮經濟、秘密社會、民間宗教、地方慈善事業、地區性叛亂、醫療與疾病等專題性研究，特別是運用量化法的研究方式，大量的方志記錄提供了這些研究工作的史料基礎，並且地方志的許多特點（例如地區性、連續性、資料性、綜合性等）正好也彌補了正史資料的不足之處。地方志的編纂是地區性的當時代敘述（contemporary description）著重個別地區的現況描述，雖然有些學者對於地方志編纂的方式，闕漏不足之處多有批評，但是方志的重要性不僅僅只是在於資料性的價值，更重要的它反映了傳統文人的心理、價值觀以及個別地方的特殊性。傳統地方志書的記錄方式也不僅是單純的現象描述，地方志書體例上的差異，以及對於方志的性質、起源的爭論，同時也具有學術發展史的意義。

對於方志的起源為何？這個問題直接關聯到對於方志性質的解釋。傳統的史學觀點認為方志起源於地理，近代有些學者也主張方志是屬於地理專書，認為隋唐時代由中央政府所主導的圖經編纂是方志最直接的原始形貌。由隋唐時代的圖經往上溯源，《尚書・禹貢》與《山海經》是方志最原始的源頭，並且由於隋唐時代的圖經是以輿圖為主，因此輿圖也被認為是方志的來源之一。方志的記錄之中有屬於地理性的敘述，是方志作為一種特殊體材的重要成份之一，這一點是現代學者所共同承認的〔註21〕。另外，有些學者主張方志的性質是地方史，認為方志

〔註19〕根據艾愷（Guy Alitto）的解釋，英文 "Gazetteer" 原指官方的新聞出版物，是英語世界中所能夠找到與地方志最相近的翻譯，實際上這兩個語詞在意義上並不完全相同。請參看 Guy Alitto, ,〈中國方志與西方史的比較〉收入於《漢學研究》，第三卷：第二期，（民國74年12月）。

〔註20〕請參看宋晞,〈七十年來的方志學研究〉，收入於《方志學研究論叢》（台北：台灣商務印書館，民國79年9月初版）。

〔註21〕以「方志學」為名的研究，以「圖經」或者《周禮》作為方志來源的祖形之外，也有一些以「地理學」為名的研究。例如「五四」時期的學者王庸，所撰寫的《中國地理學史》便是從西方分科的概念，來建立所謂的「中國地理學」，而王先生所規劃下的「中國地理學」也包括了地方志。見王庸,《中國地理學史》（台北：台灣商務印書館印行，民國63年6月台三版）。

起源於《周禮》一書中所記載的「大史」、「小史」、「職方氏」等官名,因此主張
方志起源於《周禮》,也有主張地方志的性質屬於地方史(local history),因此認
為據傳是東漢袁康所撰修的《越絕書》與東晉常璩的《華陽國志》已經具有現代
意義的方志架構,所以也可以是地方志的來源之一。其他還有後漢趙曄的《吳越
春秋》以及唐太宗之子魏王李泰的《括地志》等,也被認為在方志形成一種體裁
的過程中具有重大的影響。

　　主張方志起源於地方史的學者認為「古之邦國皆有史」,因此《孟子‧離婁》
篇中所說的「晉之《乘》,楚之《檮杌》,魯之《春秋》」可以視為國別史或地方史,
持上述論點的學者認為這些書籍雖然僅剩下名目,但是大致上應可推斷是記述古
代邦國的歷史,換言之即是一個地方或區域的歷史,也就是說方志等同於地方史。
例如梁啓超在其〈清代學者整理舊學之總成績〉一文中說:「最古之史,實為方志,
如孟子所稱『晉《乘》、楚《檮杌》、魯《春秋》』〔註22〕。」梁啓超這項論點其實
是直接引自章學誠「外史掌四方之志,注謂若晉《乘》、魯《春秋》、楚《檮杌》
之類,是一國之全史也」〔註23〕以及「外史掌四方之志,注謂若晉《乘》、楚《檮
杌》之類,是則諸侯之成書也〔註24〕。」等諸多主張,同樣曾任教於北京多所大
學的李泰棻也說:「方志者,即地方之志,用以區別國史也,依諸向例,在中央者,
謂之史,在地方者,謂之誌。」〔註25〕,並且他考證金石銘文中「史」字的意義
與性質,提出「志即史」的主張〔註26〕,在他的《方志學》整本書的架構中,我
們隨處可以看到李泰棻受到章學誠影響的影子。此外,傅振倫將方志的性質歸納
為六點〔註27〕,雖然傅振倫亦清楚的觀察到方志中兼載地理與史事,無論是用「歷

〔註22〕梁啓超,《中國近三百年學術史》(台北:台灣中華書局印行,民國76年2月,臺
　　　十一版),頁298。

〔註23〕〈方志立三書議〉,《章氏遺書》,嘉業堂本,(台北:漢聲出版社印行,民國62年元
　　　月初版),頁274。

〔註24〕〈州縣請立志科議〉,嘉業堂本,頁277。

〔註25〕李泰棻,《方志學》(台北:台灣商務印書館印行,民國57年元月臺一版)。

〔註26〕前引書,頁7李先生在文章中指出「史」原指官名,並非學名,《史記》原意應當為
　　　「史官之記載」,班固《漢書》改易司馬遷之「八書」體例,以「書」為全書名稱,
　　　而將原來太史公之「八書」體例改為「志」,並以此引申為「傳主述人,而志主屬
　　　事」,這些意見都可以在章學誠中找到影子。

〔註27〕傅振倫將方志的性質歸納為六點:一、方志為一域之國別體史;二、方志記一地之
　　　地理及史事;三、方志記事周備,為國史約取之資;四、方志古今並載,尤側重現
　　　在,切乎實用,實地方行政之借鏡;五、現存之人,事例年例已符,即可錄入方志;
　　　六、方志種類甚多,體製各異。」見傅振倫,〈方志之性質〉收入於《禹貢半月刊》,
　　　第一卷第十期:(台北:台灣大通書局印行)。

史」或者「地理」二者之間任何一個概念將之歸類都是非常困難的〔註28〕，但是他仍然堅持地方志起源於地方史〔註29〕。

　　方志之中兼有地理與歷史的記錄方式，是方志成為一個特殊體裁的重要因素，因此有些學者比較堅持方志作為一種體裁的特殊性，例如黎錦熙在抗戰時期所撰寫的《方志今議》一書〔註30〕，面對地方志兼有歷史與地理兩種性質，提出「折衷之論，則謂方志為物，史地兩性，兼而有之。」〔註31〕，他認為地方志書的性質是「地志的歷史化」，也是「歷史之地志化」，並且他不滿意章學誠的理論，主張地方志書的纂修，應當著眼於當前形勢的需要，針對章學誠「乘二便，盡三長，去五難，除八忌，而立四體，以歸四要」的主張〔註32〕，黎先生提出地方志書修纂的原則應當要「明三術，立兩標，廣四用，破四障」〔註33〕。黎先生最大的貢獻，是將許多屬於地理科學的項目放到方志中來（例如地質志、農礦志、氣候志等），他自承受到章氏方志理論的影響而熱中於方志編纂工作，所提出來的意見也多是針對章學誠的理論而發，甚至於對章學誠〈方志立三書議〉中的許多看法激動的說出「以後方志，絕不當再以文章體裁分類」〔註34〕。黎先生並非是第一個對章學誠提出批評的人，近代學者對於章學誠的方志理論也並非毫無保留的接受，前述的李泰棻以及傅振倫兩位先生，對於章學誠的方志理論也多有駁議。

〔註28〕同前註。「蓋方志本為地方志四方志之簡稱，實國別體之史書，不名之史傳而典制往聞已備，不名之地理而形式疆界已畢。故其書雖兼史地，而究與紀傳輿地之書有別，此方志體例之所以難言也。」

〔註29〕同前註。同書之中傅振倫提到：「方志也，皆為地方之志，亦即地方之史也。邦國之志，亦國別之書；書契版圖，記戶籍，土地，形象，即地志圖經之類：皆方志之流也。」

〔註30〕《方志今議》是黎錦熙於民國24年（1938）9月，擔任陝西省城固縣續修縣志委員會，所擬的〈城固縣志續修工作方案〉改定而成。

〔註31〕黎錦熙，《方志今議》，中國展望出版社出版，（1982年10月，北京影印版）。

〔註32〕〈修志十議〉，嘉業堂本，卷十五。

〔註33〕「明三術」指的是「續」、「補」、「創」三術。「立兩標」指的是方志的性質與撰寫的目的為：（一）地志之歷史化，（二）歷史之地志化。「廣四用」主張不分史地，不拘體裁，方志必需達到四種功能：（一）科學資源，（二）地方年鑑，（三）教學材料，（四）旅行指導。黎氏認為傳統的方志寫作不符合現代需要，提出「破四障」，主張方志寫作應當（一）類不關文，（二）文不拘體，（三）敘事不立斷限，（四）出版不必全書。見黎錦熙，《方志今議》，中國展望出版社，1982年10月，北京影印版，頁1～7。

〔註34〕前引書，頁317。黎先生反對章學誠在「志」之下分為「紀」、「譜」、「考」、「傳」四目，他認為這是以文體來分類，他主張方志返回「圖經」的編纂方式，不分標題，以事類來分類。

諷刺的是，無論對於章學誠的理解如何，這些學者對於章學誠方志理論的批駁，在某些程度上正好反映了章學誠理論的影響，其實正也說明了這些學者雖然批判並且修改了章學誠的理論，但在心理上卻未曾離開過章學誠，章學誠的理論與課題一直是從事「方志學」研究的學者們最大的挑戰與壓力，並且在某些課題上有些學者還是章學誠的繼承者。

　　現代許多研究方志學的學者，對於方志性質的看法，與黎錦熙先生其實是非常相近的〔註35〕。有些學者認為方志起源於「大史」、「小史」，或者「晉《乘》、魯《春秋》」的說法，是沒有根據的，這些學者認為無法從這些僅存名目的著作，來推斷它的形貌與現代意義下的地方志是一致的，並且認為「史」的意義是縱貫性的歷史時間下人事物的演變，而「方志」是屬於當代性、橫斷性的一方記錄，因此方志作為一種史體有獨特性，它既不是地理也不是地方史，換句話說「地方志就是地方志」〔註36〕，這個說法似乎頗能為方志在「歷史」或者「地理」兩種屬性之間尋求一個平衡點，但是卻切斷了地方志書形成的歷史脈絡。這些眾說紛紜的說法似乎都持之有故，其實也說明了一個現象，地方志所記載的內容非常廣泛，即使在本身的文化傳統中，也很難找到性質上完全相符的體裁，很難用某一個單一性的概念來歸類地方志。

　　許多學者們不得不放棄單一起源或者單一性質的說法，而尋求更為包容性的解釋，例如上海復旦大學黃葦、巴兆祥等主編的《方志學》一書，該書即總結了各種說法，提出地方志的起源是「多源的」，並且在時間上大約起源於戰國時期，發端於秦漢，成形於魏晉，至宋代始因體備而成為定型〔註37〕。也有採取兩分法的方式來解釋方志的起源與性質，例如林天蔚先生在其《方志學與地方史研究》一書中提出「史」與「地」兩源的說法〔註38〕，他解釋「史」與「地」的差異在於「『史』與『地』的記載；『地』重『物』與『地』的敘述。」〔註39〕，他更進一步的說明「史」的來源是《周禮》而「地」的來源則是《禹貢》〔註40〕。此外，

〔註35〕這個說法其實也是現在最普遍流行的說法。例如來新夏在《中國地方志》一書中提出「同源異體、殊途同歸、相輔相成」的解釋，其實也是黎錦熙「折衷論」的另一種翻版。

〔註36〕請參看彭靜中，《中國方志簡史》（四川大學出版社，1990年8月）。來新夏，《中國地方志》（台北：台灣商務印書館發行，1995年9月初版）。

〔註37〕黃葦等著，《方志學》（上海：復旦大學出版社，1993年6月第一版），頁102。

〔註38〕林天蔚，《方志學與地方史研究》（台北：南天書局出版，民國84年7月初版）。

〔註39〕前引書，頁13。

〔註40〕同前註。這個說法在某些程度上亦屬於「折衷論」的一種。

以研究《文史通義》著名的學者倉修良先生，在其《方志學通論》中主張方志起源於兩漢之地記〔註41〕，這三位先生其實都嘗試著從整體史（total history）的角度來解釋方志的形成、發展乃至於獨立成為一個專門學科的過程，不論是「多源說」、「史、地二源說」或者「地記說」，都是各自都從一種類比性的關係架構來建立一套因果論述，但是方志的發展是否就按照這樣子的一套連續性的因果關係而發展？就史書記錄型態的發展而言的確可能存在著某種源流〔註42〕，但是我們若是從宋代至清代的地方志發展來思考，那麼宋代至清代方志的性質與內容，相較於前代的地記、圖經或者《華陽國志》、《水經注》等，這一個發展的過程就顯得非常具有不連貫性（discontinuity）。特別是清代學者討論方志的內容、記錄的體裁以及方志性質、起源等種種問題，並且大量的投入方志編纂的事業，在在都呈現出「方志學」獨立成為一個專門性的學問，而在這門學問成立的過程中，最重要的關鍵人物則為章學誠。因此，當這三位學者在討論方志的性質與體例時，也不得不對章學誠的理論以及與章學誠同時代的其他學者進行比較研究；或者可以這麼說，以探討方志起源（建立一套連續性因果關係）加上評論章學誠的成就，成了「方志學」一成不變的討論模式。

　　我們不難察覺到民國以來，研究方志學的學者無論贊成或者反對章學誠的意見，都處在這個研究框架中（方志起源＋章學誠評論＝方志學），我們會產生這樣子的疑問：「方志學」成為一門獨立、專門的學問過程中，章學誠是什麼時候以及如何的受世人重視呢？與《文史通義》受到重視的過程一樣，章學誠的方志理論並未受重視於當世，甚至於清末有些方志編纂是反對章學誠的理論。當本世紀初內藤湖南（1866～1934）與胡適之兩位先生相繼發表《章實齋先生年譜》〔註43〕，開啓了學術界研究章學誠的學術風潮以來，章學誠的方志理論也隨之受到廣泛的重視，但是奠定章學誠方志學地位的卻不是前面兩位先生的《年譜》。胡適之先生的《章實齋先生年譜》雖然對於章學誠的一生與理論有詳盡的刻劃，但是使章學

〔註41〕倉修良認為兩漢以來，因為社會經濟以及政治上選舉制度的影響，所產生的地記的記錄型態，結合地方性人物列傳與區域性地理，是方志最原始的形貌。見倉修良，《方志學通論》（山東，齊魯書社，1990），頁52。

〔註42〕我之所以用「可能」這兩個字來指涉這幾種說法，原因是學術界裡仍然無法確定哪一種說法較為允當。

〔註43〕內藤湖南，〈章實齋先生年譜〉連載於《支那學》第一卷第三、四期（1920年11月及12月），後收入於《研幾小錄》中；見《內藤湖南全集》第七冊，（東京：筑摩書房，昭和五十一年（1976）），頁67～79。胡適之的《章實齋先生年譜》發表於民國11年，見胡適之，〈序言〉；胡適著、姚明達訂補，《章實齋先生年譜》（台北：遠流出版公司，1994年1月1日，第四刷）。

誠的方志理論在學術傳統中確立地位的卻是梁啓超，梁啓超在〈清代學者整理舊學之總成績〉中說道：

> 乾隆以前一般人士對於方志觀念之幼稚誤謬，可以想見矣，注意方志之編纂方法，實自乾隆中葉始，……然其間能認識方志之真價值說明其真實意義者則莫如章實齋〔註44〕。

梁啓超提高章學誠對於方志學的貢獻，使得世人也開始注意到清代編纂方志的學術風氣，或者可以這麼說，透過梁啓超的學術史整理工作，清代學者的方志編纂事業才受到世人的重視，民國九年出版的《清代學術概論》指出：

> 清之盛時，各省府州縣皆以修志相尚，其志多出碩學之手。……凡作者皆一時之選，其書有別裁有斷制，其討論體例見於各家文集者甚周備；欲知清代史學家之特色，當於此求之〔註45〕。

〈清代學者整理舊學之總成績〉一文，正式將「地理學」與「方志學」分別獨立，標誌著地方志與地理學正式分家，成為一門獨立的學科，並且以「歷史地理學」來區分清代學者的古史地理考證工作〔註46〕。在此之前，地方志在目錄學的分類中，往往是側附於史部地理類之下，從班固作《漢書・地理志》開始，經《隋書・經籍志》到清代《四庫全書》向來將方志列於史部地理類之下，並且名目各異種類繁多〔註47〕。方志列於史部地理類，除了表示傳統地理學研究是置於歷史學這門學科之下，純粹的地理學研究尚未建立，方志亦尚未獨立成為一個專門的史體，在傳統的學術分類中，方志與地理一直存在著糾葛不清的關係〔註48〕。

〔註44〕梁啓超，《中國近三百年學術史》（台北：中華書局印行，民國76年2月台二版），頁304。

〔註45〕梁啓超，《清代學術概論》（台北：台灣商務印書館發行，1994年，台二版第一刷），頁90。

〔註46〕清代中期以後的學者對於地理學的研究，大率重視古史地理的考證，《水經注》以及歷代《地理志》成為研究的焦點，例如黃宗羲著《今水經》，戴震著《水地記》校《水經注》，全祖望《新校水經》，趙一清《水清注釋》，楊守敬的《水經注疏》均受到民國以來學者的重視，其他還有閻若璩《四書釋地》，李兆洛《歷代地理志韻編今譯》，吳卓信《漢書地理志補注》，楊守敬《隋書地理志考證》、《歷代疆域志》等。請參看梁啓超《清代學術概論》（台北：台灣商務印書館發行1994年1月），台二版。

〔註47〕僅有在一些私家藏書的圖書目錄裡，將方志獨立成為一個目錄，例如：《世善堂書目》史部下分為〈方州各志類〉；《傳是樓書目》有〈地志〉一項；其他如焦竑《國史經籍志》在地理類之下分為〈地理〉與〈郡邑〉；張之洞《書目問答》地理類之下分為〈古地志〉、〈今地志〉、〈雜地志〉，請參考鄭鶴聲，《中國史部目錄學》（台北：台灣商務印書館印行，民國55年台一版）。

〔註48〕根據姚名達，《中國目錄學史》，地理書目起於南齊陸澄《地理書》和梁朝任昉《地

　　章學誠於乾隆五十三年（1788）作〈論修史籍考要略〉一文時，主張將「方志」獨立成爲一個門目〔註49〕，但是在嘉慶三年章學誠重修《史籍考》之時，方志並未獨立出來而是側附於「地理部」之下〔註50〕。清代學者對於方志體例的討論，雖然多主張方志源於「地理」，在史部目錄學「地理類」中，方志〈郡縣之屬〉與地理〈圖經〉雖然分別獨立，但是作爲一個「類」的概念，方志仍然未脫離屬於「地理的」這一個概念下，但是必需注意的是「地理類」同樣也是屬於「史」的一支。無可否認的清代許多學者的確是以考證地理沿革的方式來纂修方志，戴震甚至於說出「夫志以考地理，但悉心於地理沿革，則志事已竟，侈言文獻，豈所謂急務哉〔註51〕。」的名句，清代學者考證古史地理，當然是與整個時代學術風氣有關，傳統地理學大多以正史體裁中的「地理志」或者地記、遊記、圖經的形式來表達，偏向於敘述性的記錄與注重實用的性質〔註52〕，梁啓超批評清代的地理學爲『歷史的地理學』，「蓋以讀史爲最終目的，而研究地理不過其一種工具，地理學僅以歷史學附庸之資格存在耳〔註53〕。當西方地理學帶著科學的工具與方法輸入中國時，相對於西方學科的分類概念，傳統的地理考證工作被定位爲「歷史地理學」，同時也突顯了數量頗爲龐大的「地方志」的殊特性。在這個西方學術分科的概念下，許多學者參照西方學術的分科概念，將中國傳統典籍，分別歸納在「歷史」與「地理」這兩個範疇下，解釋地方志的來源分別屬於「地」與「史」兩個傳統。

　　記》，但皆屬於總目的一部份，地理書目的專目起於清初顧棟高《古今方輿書目》。地方志有專目的書目開始於民初北京學部圖書館、上海東方圖書館、徐家匯天主堂藏書樓、美國國會圖書館、日本內閣文庫等，志書目錄的整理則有瞿宣穎《方志考稿》以及朱士嘉《中國地方志綜錄》，但是姚名達先生並未將方志獨立出來，而是在「地理書目」這一項下兼談「地理」與「方志」。請參看姚名達《中國目錄學史》（台北：台灣商務印書館印行，民國60年台一版），頁357。

〔註49〕〈論修史籍考要略〉，嘉業堂本，卷十三。

〔註50〕《史籍考》是仿朱彝尊《經義考》而作，乾隆五十二年在畢沅的資助下開修，有洪亮吉、凌廷堪、武億等學者參與，《章氏遺書》中，〈與洪樨存書〉、〈報淵如書〉、〈與孫淵如書〉、〈與邵二雲論學〉等作品是與學者孫星衍等討論《史籍考》一書體例而作，畢沅死後《史籍考》並未刊刻，嘉慶三年章學誠曾修補《史籍考》，距離開修中間相隔十年，《年譜》中的〈史籍考總目〉是胡適抄自楊見心先生所藏之未刊稿，在《章氏遺書》嘉業堂本卷末，〈章補〉中有〈史籍考總目〉，將方志列於地理部。則現今所見之目錄是否爲章氏之「定稿」則未可知。見胡適《年譜》，頁154～157。

〔註51〕〈記與戴東原論修志〉，嘉業堂本，卷十四。

〔註52〕例如《水經注》、《方輿勝覽》、《輿地廣記》等，而顧祖禹《讀史方輿紀要》列於兵家類，顧亭林，《天下郡國利病書》、《肇域志》，對於明代政治多有反省。

〔註53〕梁啓超，《中國近三百年學術史》（台北：台灣中華書局印行，民國76年2月，台十一版），頁316。

第二節 「地」的傳統：《禹貢》

　　地方志的性質與體例以及其淵源如何，這是研究方志學首先要討論的重點，然而現代學者對於方志體例的討論，有時卻很難解釋方志與傳統學術脈絡之間存在著何種聯繫性的關係。舉個例子來說吧，主張方志源頭是「多源」的學者，往往將《山海經》、《越絕書》、《華陽國志》以及《吳越春秋》等書籍列入方志的源頭之一，將這些書籍視為方志的源頭之一，似乎也都持之有故，但是個別來看卻都不無問題，《山海經》一書在《隋書·經籍志》中列入「地理類」，但是歷來許多藏書目錄卻將之列於「小說類」，同樣的《華陽國志》、《越絕書》以及《吳越春秋》在目錄學中向來列入「雜史」、「霸史」類之中，換句話說這些著作在傳統的學術分類中分別有著不同的意義，我們很難依據個別學者的說法得知這些著作是在什麼樣子的背景下產生，這些書籍與宋朝以後的方志相比較，無論是在體例上或者編纂內容上均有相當程度的差異，將許多種著作不加以分辨的皆視為方志的來源之一，可能導致的結果就是「來源」越來越多、年代越推越古，令人有茫然無稽的感覺。此外，「史」、「地」兩源的說法，看似對於方志屬於「歷史」或者「地理」，兩種屬性之間的爭論做了一次仲裁，但細審之下這種說法也不無疑問。有些學者主張地方志中屬於「地」的成份來自於《禹貢》，「五四」以來的學者分析《禹貢》一書對於後世的影響主要在於地理資料的記錄〔註54〕。這個看法並不缺乏根據，清代以來許多從事樸學考據的學者，相率考證《禹貢》一書中所記錄的山川位置以及九州、貢賦的劃分等問題〔註55〕，然而清代學者的考證工作，尚未對於《禹貢》一書有根本上的懷疑，而是企圖藉由考證的工夫來確定《禹貢》經典性的地位。由清代學者發動的疑古風潮對於古史的討論，延續到民初的「古史辨」運動轉變為全然的推翻古史，「古史辨」的要角顧頡剛先生雖然在治學方法上延續清儒考證學風，但是他卻更進一步的質疑《禹貢》以及其他古籍的真實性〔註56〕，

〔註54〕林天蔚，《方志學與地方史研究》（台北：南天書局出版，民國84年7月），頁14。林先生認為《禹貢》一書對於後世的影響主要在四個方面：第一、「九州」的劃分，第二、山脈與河流的分界，第三、物產與土壤的關係，第四、定「五服」之數，這個看法基本上與「五四」時期對於《禹貢》的研究相當一致，所以將《禹貢》單純的分五個項目，基本上是「五四式」的問題提法。

〔註55〕王重民，〈清代學者關於禹貢之論文目錄〉，收入於《禹貢半月刊》第一卷，第十期，（民國23年8月1日），頁22。

〔註56〕近年來關於「五四」運動以及顧頡剛先生的研究，主要有施耐德，《顧頡剛與中國新史學》、余英時先生的幾篇文章分別收入於《史學與傳統》，以及他的學生王汎森先生《古史辨運動的興起》。此外彭明輝先生的碩、博士論文《疑古思想與現代中國

提出「層累地造成的中國古史」的假設〔註57〕，顧氏懷疑大禹是否具有神性，乃至於推論大禹是出於九鼎上的蟲〔註58〕，由論證大禹治水乃是出於西方民族的神話傳說，以及《禹貢》中的記錄是屬於戰國時期的疆域，出於戰國時期人民對於大一統的渴求，推論出堯、舜、禹三皇世系的古史系統，乃是出於戰國時代儒者的想像〔註59〕。現代學者對於《禹貢》一書的性質，乃至於整個古史系統的觀點，大部分皆來自於顧頡剛先生以及「五四」時代的研究成果，然而以顧頡剛先生為首的「五四」學風，他們研究古史的方法以及對後世所產生的影響究竟是怎樣呢？

　　顧氏對於大禹問題的重視，早於《古史辨》時代即已開始，主要原因是因為大禹傳說是「層累地造成的中國古史」這個論題的重要核心，辯論大禹傳說的真實性（包括三皇世系的關聯以及大禹治水等問題），才能使這個論題得以確立〔註60〕，也只有在推倒大禹神話傳說之後，才能證明堯、舜亦為德治學說下的虛構人物〔註61〕，而「古史辨運動」（或者「用科學方法整理國故」的主張）才能夠進一

史學的發展〉、〈歷史地理學與現代中國史學〉以及林毓生的幾篇短文，分別收入於《政治秩序與多元社會》、《思想與人物》。

〔註57〕 這項假設最先見於顧頡剛於民國 12 年 4 月 27 日與錢玄同的一封書信中提出；現收入於《顧頡剛古史論文集》（北京：中華書局出版，1993 年 10 月，北京第二次刷。）

〔註58〕 前引書。頁 109～123。這項論點亦是在顧頡剛與錢玄同先生的一封信中提出，後載於《讀書雜誌》第九期，1923 年 5 月 6 日。顧頡剛根據許慎的《說文解字》，推論大禹出於九鼎上的動物圖像，這一項推論受到學術界極大的反彈，遠在南方的柳詒徵先生作〈論以說文證史必先知說文之誼例〉一文，發表於東南大學《史地學報》1924 年 4 月 1 日，即指出以文字說史必需先了解造字的通例以及清儒治小學的成績，顧頡剛雖然稍後放棄了此一證據不足的論證，但是卻無損於「層累地造成的中國古史」說所造成的影響。

〔註59〕 顧頡剛在〈古史中地域的擴張〉一文中提出這個看法，見《禹貢半月刊》，第一卷，第二期。稍後顧氏又在〈漢代以前中國人的世界觀念與域外交通的故事〉重申這項觀點，見《禹貢半月刊》第五卷，第三四合期。

〔註60〕 顧頡剛在《古史辨》第一冊的序言中回憶，民國十一年春天因胡適的介紹，顧頡剛為商務印書館編纂《中學本國史教科書》。在編纂的過程中顧氏為推翻了三皇、五帝的系統，而考古學的研究正在起步，尚未能提供任何研究成果而傷透腦筋，以為僅能夠整理《詩經》、《尚書》、《論語》中的古史傳說，成就一篇名為〈最早的上古史的傳說〉。在排比的過程中，顧氏發現堯舜禹三皇系譜，分別在不同時代的記錄中有著不同的形象，發生的次序和排列的系統恰是一個反背，因此引發其提出「古史是層累地造成的」假設。

〔註61〕 在與胡適的信中，顧頡剛將《今文尚書》中的篇章分為三組，依據思想以及文字的推斷，顧氏認為第一組可以信為真，第二組是東周時的偽作，這兩組顧氏尚無把握把他們分開，第三組《堯典》、《皋陶謨》、《禹貢》）顧氏認為可以「從事實上來辨他們的偽」。見顧頡剛，〈論《今文尚書》著作時代書〉，《古史辨》第一冊，頁202～203。

步的發展重新建構所謂的「信史」，《禹貢》就成為證明大禹為虛構人物的重要證據。民國十二年六月一日顧氏與胡適之先生的一封信中提到準備寫兩篇文章，分別是〈禹貢作於戰國考〉以及〈堯典皋陶謨辨偽〉，其中第一篇的大綱如下：

〈禹貢作於戰國考〉：

（1）古代對於禹的神話只有治水而無分州。

（2）古代只有種族觀念而無一統觀念。

（3）古代的「中國」地域不甚大。

（4）戰國七雄的疆域開闢得大了，故有一統觀念，交通便了，種族糅雜得多了，故無種族觀念。因此，九州之說得以成立，而秦始皇亦得成統一之功。

（5）騶衍「大九州」之說即緊接九州之說而來。

（6）「分野」之說亦由九州之說引起。

（7）九州州名及各地名之初見在何時，何書？

（8）九州州名的來歷（取義）。

（9）九州疆域與七國疆域的比較。

（10）九州州名未嘗統一，貢賦服屬之說亦未嘗統一，故《呂氏春秋》、《爾雅》、《周官》（《逸周書》）與《禹貢》之說均不同。

（11）所以考定《禹貢》為戰國時書而非秦漢時書之故。（一，禹尚是獨立而非臣于舜；二，每州尚無一定的一個鎮山；三，不言「南交」。）〔註62〕

一個月後顧氏發表另一封信〈答劉明兩先生書〉，聲稱推翻「非信史」需要具備四項標準：「一、打破民族出於一元的觀念」；「二、打破地域向來一統的概念」；「三、打破古史人化的觀念」；「四、打破古代為黃金世界的觀念」〔註63〕。顧頡剛辨《禹貢》一書，主要的目的是要「打破地域向來一統的概念」，同時也要打破大禹開山通河的神話形象，《古史辨》第一冊發表不久後，顧氏遭遇到許多南方學者的辯難，顧頡剛在回答柳怡徵先生的質疑中自我辯解地說道：「這僅是一種假設而已，我決不願把牠作為確實的證據。」〔註64〕，雖然是一種「假設」但是顧氏卻從來未曾放棄過；事實上，前述的兩封信成為日後顧氏研究上古史的張本，從民國十五年發表的〈秦

〔註62〕同前註。

〔註63〕同前註，頁127。

〔註64〕前引書，〈答柳翼謀先生〉，頁189。

漢統一的由來和戰國人對於世界的想像〉一文〔註65〕，一直到民國二十三年發表於
《禹貢半月刊》第二期的〈古史中地域的擴張〉都是抱持著相同的觀點〔註66〕，《禹
貢半月刊》的產生除了「九一八」事變這些外緣因素之外，與顧氏重建中國上古
史的工作，需要對古史地理有基本的認識亦有莫大關聯〔註67〕。受到世局的影響
《禹貢半月刊》在第五期後愈來愈重視西北邊疆史地的研究以及關心回民的境
遇，並且愈來愈多從事實地的地理考察工作，然而早期參與的成員特別是顧氏本
人所關注的重點仍在於歷史地理的考證工作，尤其是專注於《尚書‧禹貢》的眞
實性以及意義的討論。

　　從方法上來看，雖然就中國哲學發展的脈絡而言，「古史辨」運動以及《禹貢
半月刊》的產生，與清季以來的以公羊思想和訓詁考證學風有內在的聯繫關係〔註
68〕，但是顧頡剛的研究方法與傳統學術之間卻有著極人的轉折。顧氏重新建立古
史的方法是先確立古史記錄的「眞實性」，分析史料出現的先後次序與時代背景，
將一些不符合實證經驗的史料排除，然後將各種不同的「史料」串聯起來建立一
套「史料」之間的因果關係。「古史辨」運動的風潮一開始即夾帶著「科學主義」
的優越感，對於傳統史學研究產生極大衝擊（雖然顧氏本人亦自承對於科學的本
質與方法只有一些粗淺的認識），然而這項對於古史重新整理解釋的工作，如同許
多學者所指出輕易的滑入「唯科學主義」的傾向（或者是林毓生先生所說的是一

〔註65〕〈秦漢統一的由來和戰國人對於世界的想像〉，《古史辨》第二冊，頁四。
〔註66〕民國23年顧頡剛與任職於北平輔仁大學，教授「中國地理沿革史」的譚其驤先生，
　　　　共同主持「禹貢學會」，並刊行《禹貢半月刊》。該刊物的宗旨主要的是透過地理沿
　　　　革的研究，間接地建立民族認同與民族自信心，其實顧先生若不健忘的話，他應當
　　　　知道曾經撰文批評他的柳詒徵先生，早於民國10年即於南京高等師範學校成立「史
　　　　地研究會」，刊行《史地學報》（1921～1926），距離《禹貢半月刊》發行早已過了
　　　　八年，《史地學報》早於民國十年即積極的介紹國外地理學的引進，並且運用新式
　　　　的地理學方法，實際編纂許多地方志。關於《史地學報》以及《禹貢半月刊》對於
　　　　民國以來新史學發展的影響，請參看彭明輝《歷史地理學與現代中國史學》（台北：
　　　　東大書局出版，民國84年7月）。
〔註67〕《禹貢半月刊》第一卷的，〈編後〉中說道：「頡剛七年以來，在各大學任『中國上
　　　　古史』課，總覺得自己的知識太不夠，尤其是地理方面，原爲研究歷史者迫急的需
　　　　要，但不幸最沒有辦法。材料固然很多，但我們苦不能用它！說要擷取一點常識來
　　　　敷衍罷，這不但在自己的良心上過不去，而且就是這一點常識也不容易得到。我常
　　　　常感覺，非有一班人對於古人傳下的原料作深切的鑽研，就無法抽出一點常識作治
　　　　史學或地學的基礎。因此我就在燕京和北大兩校中改任『中國古代地理沿革史』的
　　　　功課，借了教書來逼自己讀書。」《禹貢半月刊》第一卷，第一期。
〔註68〕前引書。王汎森先生強調古史辨運動的產生，除了時代的因素之外，亦與中國哲學
　　　　內在的發展有關。

種意識型態——「意締牢結」），破壞僞古史建立「新信史」一直是顧氏堅持的信念，但是這個信念卻是建立在全然抹煞古史、古籍，以「層累造成說」爲前提來看待古史〔註69〕，也就是說是一種先選擇了立場再去找材料的研究方式。古史系統在經歷過這一連串的辨古史運動後，確實將原來受圍於「經解」、「師說」的古史系統解放出來，這確實是一項對傳統古史系統的「解咒」與「重組」的工作，「層累造成說」不僅盛行於當代學術圈內，並且被當作基本教材編入教科書內，在中國史的研究範圍中它的確形成了一種「典範」〔註70〕。在這裡我並不是要借機會指責顧氏的研究是如何的破壞傳統〔註71〕，而是要說明「五四」時代採取實證主義立場的學術研究是如何的影響後世的歷史詮釋，弔詭的是當這項論述的形成成爲學術界公認的權威時，便成爲一種一成不變的公式，人們便不再追問隱藏在文本之下的意義是什麼，反而一味的追尋、組織所謂的「事實」是什麼，造成了歷史意義在詮釋上的困境，許多學者往往不自覺的掉入循環論證的陷阱中，一再引

〔註69〕對於顧氏方法上的繆誤，王汎森先生對此有準確的描述：「古史辨運動在中國疑古史上所以特別的突出，倒不是因爲在否定古書古史的程度上有輕重廣狹之別，而是古史辨一開始就帶有全盤『抹煞』上古信史的精神一在還沒有逐步的檢視每一件史事〈或大部分重要的史事〉前，就先抹煞古書古史。而這個精神主要辨識承繼清季今文家的歷史觀而來。」見王汎森，《古史辨運動的興起》（台北：允晨文化實業股份有限公司，民國76年4月25日），頁217。

〔註70〕余英時先生借用 Thomas S. Kuhn 「paradigm」的概念來説明古史辨運動對於後世中國史學界的影響，這裡亦加以借用來説明「五四」概念的形成對於中國史研究所造成的侷限。見 T. Kuhn, *The Structure of Scientific Revolutions*, The University of Chicago Press,1962。

〔註71〕從另外一個角度來看，顧氏的研究充滿著民族主義式的情懷，《禹貢半月刊》第一卷的〈發刊詞〉中強調：

　　「研究地理沿革在前清曾經盛極一時。可是最近十數年來此風衰落已到了極點。各種文史學報上找不到這一類的論文，大學歷史系也找不到這一類的課程，而一般學歷史的人，往往不知《禹貢》九州、漢十三郡爲何物，唐十道、宋十五路又是什麼。這眞是我們現在中國人的極端的恥辱！在這種現象下，我們還配講什麼文化史、宗教史；又配講什麼經濟史、社會史；更配講什麼唯心史觀、唯物史觀！……《禹貢》是中國地理沿革史的第一篇，用來表現我們工作意義最簡單而清楚，所以就借了這個題目來稱呼我們的學會和這個刊物。我們要使一般學歷史的人，轉移一部份注意力到地理沿革這方面去，使我們的史學建立在穩固的基礎上。」

這段引文除了強調藉由歷史知識來凝聚民族精神外，同時也要求歷史研究必需奠基於堅實的史料基礎，特別是注重歷史地理的考證工作，我們可以同情的理解在帝國主義的侵略下相較於中國的落後，顧氏欲藉實證性的研究使中國歷史研究步上科學、進步的道路，但是或許你也會如同我一樣的懷疑，透過這樣的研究難道中國文化就更科學或者更具有凝聚力嗎？

用他們剛剛才宣佈的「僞書」中的內容來證明他自己的論點〔註72〕。這樣「古史層累說」將古史研究帶入了一個新的研究領域，但卻又把古史研究侷限在「唯科學主義」的框架中。當本世紀初「方志學」成爲學術研究的焦點時，《禹貢》對於方志的影響被簡單的化約成冰冷的「地」的來源，忽略了傳統中具有「創造性張力」的文化內涵。

從知識的角度來看，顧頡剛宣稱要「打破地域向來一統的概念」〔註73〕，首先必需確立一點的是，這些古史概念的確是長久以來影響著傳統讀書人的信念，也就是說在否定古史傳說之前，必然需要先肯定這些古史傳說對於中國人心理的影響。經典所具有的意義（meaning）可以在不同時代、不同的閱讀方式當中，呈現出各種不同的時代「意義」（significance），這一點我們可以從歷代《地理志》承繼了《禹貢》的記錄形式得到答案，例如《漢書‧地理志》中說道：

> 昔在黃帝，作舟車以濟不通，旁行天下，方制萬里，劃壄分州，得百里之國萬區。是故《易》稱「先王建萬國，親諸侯」，《書》云：「協和萬國」，此之謂也。堯遭洪水，襄山襄陵，天下分絕，爲十二州，使禹治之。水土既平，更制九州，列五服，任土作貢。…後受禪於虞，爲夏后氏。殷因於夏，亡所變改。周既克殷，監於二代而損益之，定官分職，改禹徐、梁二州合之於雍、青，分冀州之地以爲幽、并。故《周官》有職方氏，掌天下之地，辯九州之國。……周室既衰，禮樂征伐自諸侯出，轉相吞滅，數百年間，列國耗盡。至春秋時，尚有數十國，五伯迭興，總其盟會。陵夷至於戰國，天下分而爲七，合從連衡，經數十年。秦遂併兼四海。以爲周制微弱，終爲諸侯所喪，故不立尺土之封，分天下爲郡縣，盪滅前聖之苗裔，靡有孑遺者矣。

又說道：

> 漢興，因秦制度，崇恩德，行簡易，以撫海內。至武帝攘卻胡、越，

〔註72〕例如研究「方志學」頗有成就的倉修良先生亦反對方志「多源」的說法，但是他反對將《禹貢》、《周禮》視爲方志來源的理由，是因爲這兩部書皆是出於後世的僞作，他引用譚其驤先生的話說道：「這是稍微接受一點「五四」以後的歷史教育，破除了對儒家經典的迷信的人所共有的常識」，可見得「五四」的影響是如何的深入人心。矛盾的是在倉修良否定這二部書價值的當兒，當它必需重新解釋地方志的起源與意義時，卻又一而再的引用他所稱之爲「僞書」中的材料當作證據。見倉修良，〈論方志的起源〉，收入於《中國史學集刊》第一輯，（江蘇：古籍出版社，1987年4月第一刷），頁91～114。

〔註73〕相對的顧頡剛雖然推倒了大一統，但是它也從實證的角度來重新塑造了另一個學術大一統的神話。

開地斥境，南置交阯，北置朔方之州，兼徐、梁、幽、并夏周之制，改庸曰涼，改梁曰益，凡十三郡，置刺史。先王之迹既遠，地名又數改易，是以采獲舊聞，考迹《詩》《書》，推表山川，以綴《禹貢》、《周官》、《春秋》，下及戰國秦漢焉〔註74〕。

《漢書》的作者何以在敘述當代疆域之前要提到黃帝作舟車？又為何要提到大禹治水？這些個別事件的敘述可能都經不起「實證」（positivism）的檢驗，但是它所反映的是漢朝人的歷史概念或者至少是班固的歷史思想，如果發生的事件必需通過和某種價值體系的關聯才能成為歷史事實，我們若不將歷史的真實性當作個別孤立的事件來看，那麼「堯」、「舜」、「禹」這些事件如何的被聯繫成為一個歷史的事實，它在什麼樣的狀況下被表現，就成為一個非常具有意義的價值系統。

「大禹治水」這個事件的事實性（fact）與歷史的真實性（historical truth）二者之間分屬於不同的領域〔註75〕，《禹貢》中所記載的「別九州，隨山濬川，任土作貢」；「敷土隨山刊木」、「制九州貢法」、「定五服之數」，是顧氏懷疑大禹具有天神性的地方，這些字面下的意義如同顧頡剛所指出的「是宣揚大一統的」，但這也正是經典之所以歷久而彌新，具有深遠影響的主要原因，「大一統」的追求一直是傳統讀書人心目中的「神聖概念」，「九州」一詞不一定是指涉某一特定的地域，也可以是一個模糊的地域概念，不同的時代、大小不一的版圖都可以使用「九州」、「四海」這類名詞，代表著一個朝代文明所能達到的地區；換句話說，它可以是一個沒有具體指涉的虛構地點，並且還是一個具有神聖性的非真實空間。而這一個非真實性空間的內容則是一個強烈的價值系統以及文化意識。在《禹貢》中「禹別九州，隨山濬川，任土作貢」到「禹錫玄圭，告厥成功」，所揭示的是先王經緯世宙之大法，當中所透露出來的是以德治為基礎的文化意識，在這個「東漸於海，西被于流沙，朔南暨聲教，訖于四海」的範圍內共享聲教文明，大禹之所以能夠承天命、錫玄圭在於能除天下之大患，因其德而能富有天下、淹有四海。準此；《禹貢》所強調的重點除了「地域向來一統」的概念外，更有著「平天下」的文化意識。這種大一統的空間、時間的價值系統並不僅僅出現在編年史體中，同樣也表現在紀傳體裁中，紀傳體裁中《地理志》以強調朝代間的時間繼承以及疆域空間一統的價值系統來完成這種歷史意識的連結，《一統志》亦是根據這樣的原則而產生，我們來看看第一個一統志——《大元一統志》如何運用這種價值系統來完成

〔註74〕《漢書》，〈地理志〉第八上。

〔註75〕五四時期許多學者例如柳詒徵、張蔭麟、錢穆等人即已指出這項謬誤，但是僅是一些零散的議論並未形成一個有系統的學說。

這種文化意識的連結：

> 臣聞春秋所以大一統者，六合同風，九州共貫也，然三代而下，統
> 之一者可考焉，漢拓地雖遠，而攻取有正譎，叛服有通塞，況師異道，
> 人異論，百家殊方，旨意不同，亡以持一統，議者病之。唐腹新地為異
> 域而不能一者，動數十年，若夫宋之畫於白溝，金之局於中土，又無以
> 議為也。我元四極之遠，載籍之所未聞，振古之所未屬者，莫不渙其群
> 而混於一，則是古之一統，皆名浮於實，而我實協於名矣〔註76〕。

全國性的總志由隋、唐的「圖經」到了元代演變為「一統志」，當然是為了誇示其疆域幅員廣大，但是既然稱之為「一統」，那麼就與傳統文化中的正統思想有了關聯。從這段序言可以看出《一統志》的編纂起源於正統思想，歷史上的正統之爭起源於爭論王朝即位的合法性而將之書於史冊，中間牽涉到許多繼統原則的爭論〔註77〕，特別是宋代以來對於正統原則的爭論。儒家理想下的聖王是天下人所歸往，在理想中王者因其德而能一統天下，外在事功與其內在德性是相符合的，但是如此使得「正統」的意義與原則產生許多複雜的爭議。新王朝的建立或者榮登大寶的新君主，如何宣示其建元改制承繼天命？朝代間的五德終始說或者受命繼統的說法終究只是一套理論，實際上的疆域面積更能說明其承繼的來源與政治力量的宣示。《一統志》的產生具有從事實上來說明政權的合法性的象徵意義，但是我們不可忽視元朝以胡族入主中原，如果以宣示政權的合法性來看待，那麼《一統志》的產生就有許多新的意義。

《一統志》的編纂就政治上的功用來說，不僅具有宣示的象徵意義，同時也代表著統治者治理國家的企圖──「經世」〔註78〕。嚴格意義下的方志纂修往往是因為《一統志》編纂的需要而產生，而這項工作需要地方知識份子的積極參與，知識份子的「經世思想」往往落實在實地參與方志的修纂工作上，也只有從這個角度來觀察，我們才能夠瞭解何以清代動員全國力量三度編修《一統志》〔註79〕，

〔註76〕許有壬，〈大元一統志序〉，收入於張國淦《中國古方志考》（上海：中華書局出版 1962年 8 月），第一版，頁 115。

〔註77〕歷史上的正統論其理論根據除了鄒衍的「五德終始說」以及孟子的「王霸論」外，最主要的還是來自《公羊傳》解釋隱公元年「元年，春，王正月」為「大一統」，何注云：「統者，始也，……，夫王者始受命，改制布政，施教於天下」。關於正統論的其他問題請參看饒宗頤，《中國史學上之正統論》（香港：龍門書店印行，1977年 5 月）。

〔註78〕這裡所謂的「嚴格意義」是指宋代以下，特別是明清以來，官方所主導的地方志修纂事業。

〔註79〕清代修《一統志》，始於康熙二十六年（1687），受命主其事者為徐乾學，參與其事

許多清代地方官員重視地方志的修纂以及第一流的學者大量參與地方志的編修。

第三節 「史」的來源：《周禮》

　　除了少數學者獨立完成的志書外，往往是出於朝廷編纂一統志的需要產生，特別是明清兩代因為修纂一統志而令各省、縣修志。雖然明清兩朝皆曾訂立方志編纂的格式以為修志的標準〔註 80〕，但是方志編纂的良窳仍然必需視地方官員重視的程度以及主持修志工作者的素養來決定，尤其是許多知識分子在地方官員的支持之下參與地方志的編纂工作，憑藉著個人的知識與見地來編纂方志，益使得方志體例顯得紛亂雜蕪〔註 81〕。整個清代學術的特色不僅是訓詁考據學的發達，同時大量的地方志書的編纂工作亦是清代學術的特色，根據朱士嘉的統計清代現存的方志多達 6514 種，佔現存方志總數的百分之八十，其中又以乾嘉時代（1736～1820）為方志編纂的高峰期〔註 82〕，許多著名的學者例如：戴震、洪亮吉、孫星衍、章學誠、錢大昕、段玉裁等人，皆曾經參與地方志的編纂工作，其中方苞、錢大昕並且主持《大清一統志》的纂修，也就是在這個時期，關於方志編纂體例的爭論達到了頂峰，關於方志的源流《四庫全書》裡提到：

　　　　古之地志，載方域山川風俗物產而已，其書今不可見，然《禹貢》、《周禮・職方氏》其大較矣。《元和郡縣志》頗涉古蹟，蓋用《山海經》例，《太平寰宇記》增以人物又偶及藝文，於是為州縣志書之濫觴，元明以後體例相沿，列傳侔乎家牒，藝文濫於總集，末大於本，而輿圖反若

者有閻若璩、顧祖禹、胡渭等。雍正時代又重修，至乾隆八年完成（1743），共五百五十六卷。乾隆年間，因疆域拓展，故而重修《一統志》，至乾隆四十九年成書（1784），增至五百卷，參與的學者，前後有蔣廷錫、方苞、汪由敦等。嘉慶時又重修，至道光二十二年完成《嘉慶重修一統志》（1842），增加至五百六十卷。

〔註 80〕歷代有關修志的詔令，如：明代永樂十六年頒降修志詔令和凡例、清康熙二十九（1690）年通飭修志牌照，雍正修志上諭、雍正一統志館行查事項、清編鄉土志例目、國民政府時期頒〈修志事例概要〉、〈地方志書纂修辦法〉、〈各省市縣文獻委員會組織規程〉、中共於 1985 年成立「中國地方志指導小組」並通過〈新編地方志工作暫行規定〉等。

〔註 81〕最早的一統志編纂應屬於隋代《區宇圖經》，但是並未流傳下來，現存最早的一統志是唐代李吉甫的《元和郡縣志》現存四十卷，宋代流傳至今的有北宋樂史《太平寰宇記》現存一百九十三卷、王存《元豐九域志》現存十卷，《大元一統志》現存四十四卷、李賢《大明一統志》九十卷、《大清一統志》五百卷。

〔註 82〕朱士嘉，《中國地方志綜錄》（台北：新文豐出版公司，民國 64 年）。

附錄期間，假借夸飾以侈風土者，抑又甚焉〔註83〕。

　　《四庫全書》的作者認爲方志起源於《禹貢》與《周禮‧職方氏》，最初不過是記錄地域、山川、風俗、物產而已，經過唐、宋體例擴大成爲現代方志的起源，但是對於明代以後方志的內容及於藝文、人物、古蹟並不以爲然，批評爲「末大於本」流於浮濫，主張方志應以輿圖爲主，換句話說地方志應當以地域、山川、物產爲主，其他古蹟、藝文、人物等爲副。就方志發展的脈絡而言，北宋神宗熙寧年間宋敏求所編纂的《長安志》與《河南志》已大致完備，此時期的方志已經脫離了唐代圖經的編纂方式，而周應合所編纂的〈景定建康志修志本末〉中討論編纂方志的體例與目的，已大致確立了日後方志編纂的規模。宋、明以來的學者大多認爲方志是起源於《周禮》，例如司馬光在〈河南志序〉中說到：「《周官》有職方、土訓、誦訓之職，掌道四方九州之事物，以昭王知其利害，後世學者爲書以述地理，亦其遺法也。」〔註84〕，以及馬光祖爲周應合所編纂的《景定建康志》所作序言中說道：「郡有志，即成周職方氏之所掌，豈徒辨其山林川澤都鄙之名物而已。」〔註85〕，這是主張方志起源於《周禮》的學者最近引用的兩段文字，同時也最常被引用與章學誠的方志源於大、小史的主張對舉，以爲「土訓」、「誦訓」、「職方氏」與「大史」、「小史」，分別屬於《周禮》的兩個系統，因此也有些學者主張這兩個系統分別屬於「地」以及「史」〔註86〕。然而在這個「歷史」與「地理」的分析脈絡裡〔註87〕，並無法完整的解釋地方志書中非屬於這個模式中的其他成分，例如許多地方志中有「星野」一項，同樣也起源於《周禮‧保章氏》，然而卻既不屬於「史」也不屬於「地」。

　　如果我們仔細的分析《漢書‧地理志》中的記載，我們會發現《禹貢》與《周禮》並不是一個相對立的概念，而是時間次序的先後排列存在於同一個文本脈絡

〔註83〕《四庫全書總目提要》。

〔註84〕司馬光，〈河南志序〉，收入於《溫國文正司馬公集》，四部叢刊，卷六五。

〔註85〕司光祖，〈景定建康志序〉收入於《宋元地方志叢書》（台北：中國地志研究會編印，民國67年），頁667。

〔註86〕例如黃葦以及林天蔚等先生，大多持上述主張。

〔註87〕或許稍爲熟悉《周禮》的讀者，也會與我有相同的感覺，對於《周禮》一書中連篇累牘的記載有一種疊床架屋的感受，在這部書中除了大、小史、職方氏，土訓、誦訓之外，還有訓方氏、撢人、遂人、跡人等執掌相近的官名，可以說極爲繁瑣，但是無論《周禮》究竟是否是周公之政典抑或是劉歆所僞造，或者如張舜徽先生所說的取「周備」、「完備」的意義，事實上皆未曾在中國歷史上完整的實現過，但是《周禮》一書如此精密的劃分，在某種程度上卻也正好說明了傳統知識份子心目中理想政治典型的寄託之所在。

中，在《漢書‧地理志》裡《尚書‧禹貢》以及《周禮》是分屬於不同時代的制度——「因時而異制」，同樣是屬於「惟王建國，辨方正位，體國經野，設官分職，以為民極〔註88〕。」這中間牽涉到一套價值系統，《禮記》中有一段記載：

> 凡居民材，必因天地寒煖燥濕。廣谷大川異制，民生其間者異俗，剛柔輕重遲速異齊，五味異和，器械異制，衣服異宜，脩其教不易其俗，齊其政不易其宜，中國戎夷五方之民皆有性也，不可推移。…五方之民，言語不通，嗜欲不同，達其志通其欲，…凡居民量地以制邑，度地以居民，地邑民居必參相得也，無曠土無游民，食節事時，民咸安其居，樂事勸功，尊君親上，然後興學〔註89〕。

在這裡我想指出的並不是地方志一定是起源於何種體裁，而是嘗試著的去勾勒地方志書形成的文化背景，無論是「地」或者「史」都散發著獨特的文化特質，如此我們才能理解《隋書‧經籍志》以及歷代《地理志》中，何以將《禹貢》、《周禮》所有的說法都列上。在後世的地方志中，無論是提到《禹貢》或者《周禮》中的哪一個官職，其實都訴說著同樣的話語——「體國經野」、「達其志通其欲」，通過這一套價值系統，我們可以看到一個相對應於社會統治的目的和技術，反映在地方志書的編纂工作上。

章學誠在《章氏遺書》中提到乾隆三十八年（1773）夏天訪友於寧波道署時與戴震的一段辯論：「夫志以攷地理，但悉心於地理沿革，則志事以竟，侈言文獻，豈所謂急務哉。」〔註90〕，以及回答洪亮吉在《卷施閣文集》中關於方志體例的辯論〔註91〕，這也是許多現代學者認為清代方志在修纂的體例上有所謂「地理」與「歷史」爭端的最主要理由。許多方志學的研究認為清代學者例如戴震、錢大昕、段玉裁、洪亮吉、孫星衍等，率多主張方志起源於「地理」，而所持的理由是前述的這些學者大多引用「職方氏」或者「土訓」、「誦訓」作為方志的來源，而主張方志起源於「大史」、「小史」的似乎僅有章學誠一人。章學誠是不是主張方志源於「大史」、「小史」，的第一人呢？事實上在許多明代方志中已提及方志源於「大史」、「小史」以及「土訓」、「誦訓」、「職方氏」這些官名一起聯用的情況，例如嘉靖四十年（1561）的《吳江縣志》序言中說道：

〔註88〕這是《周禮》，〈春官宗伯第三〉的一段話，同時也常在許多《地理志》、《一統志》中出現，例如《大清一統志》即引用了上述文字。
〔註89〕《禮記》卷十二。
〔註90〕〈記與戴東原論修志〉，嘉業堂本，卷十四。
〔註91〕〈地志統部〉，嘉業堂本，卷十四。

> 郡縣有志其來久矣，周官小史掌邦國之志，外史掌四方之志，職方
> 掌天下之圖，而又有土訓掌地圖，地慝。誦訓掌方志，方慝。……，及
> 秦罷侯置守，則邦國皆為郡邑而周官制度蕩然矣[註92]。

清末以前這些出現在序言中的敘述，無論提到「大史」或者「職方氏」，只是當作
一種政治統治的完美典型來被引用，並未牽扯到所謂起源的問題，因為這些〈序
言〉中的敘述與方志的內容與體例，並沒有太大的直接關係，許多僅是一些應酬
式的文章。章學誠在〈州縣請立志科議〉裡不厭其煩的引用《周官》來說明這個
完美的政治典型，甚至要求比照這個典型設立志科：

> 按《周官》宗伯之屬，外史掌四方之志，注謂若晉《乘》、楚《檮
> 杌》之類，是則諸侯之成書也。成書豈無所藉？蓋嘗攷之周制，而知古
> 人之於史事，未嘗不至纖悉也。司會即於郊野，縣都掌其書契版圖之貳，
> 黨正屬民讀法，書其德行道藝，閭胥比眾，書其敬敏任卹。誦訓掌道方
> 志以詔觀事，掌道方慝，以詔避忌，以知地俗；小史掌邦國之志，奠世
> 系、辨昭穆；訓方掌導四方之政事，與其上下之志，誦四方之傳道；形
> 方掌邦國之地域，而正其封疆；山師、川師各掌山林川澤之名，辨物與
> 其利害；原師掌四方之地名，辨其丘陵墳衍原隰之名；是於鄉遂都鄙之
> 間，山川風俗、物產人倫，亦已鉅細無遺矣。至於行人之獻五書，職方
> 之聚圖籍，大師之陳風詩，則其達之於上者也。蓋制度由上而下，采摭
> 由下而上；為采摭備，斯制度愈精，三代之良法也[註93]。

章學誠將《周官》中所有說法幾乎巨細靡遺的列出，說明至少在章學誠的眼光中
「大史」、「小史」、「土訓」、「誦訓」都是「三代之良法」，同樣都是執掌記注之史
官。就戴震而言也未曾反對這項說法，戴震所纂修的《汾州府志》、《汾陽縣志》
主張方志起源於「土訓」、「誦訓」，但該書中亦有不少學者於序言中主張方志屬於
「史」，或者起源於《周官》「大史」、「小史」[註94]，那麼戴震與章學誠爭論的
重點在什麼地方呢？讓我們再回過頭來審視這一樁公案（雖然這只是章學誠單方
面的陳述），當戴震說出「夫志以攷地理，但悉心於地理沿革，則志事已竟，侈言

〔註92〕徐師曾，《吳江縣志》，台灣學生書局據中研院史語所藏，明嘉靖四十年刊本影印
    （1561），（台北：台灣學生書局，民國76年6月初版）。
〔註93〕〈州縣請立志科議〉，嘉業堂本，卷十四。
〔註94〕例如朱之俊在，〈汾陽縣舊志敘略〉中即說道：「今郡邑之志，古列國之史也，周官
    外史掌四方之志，小史掌邦國之志，皆以史領之」見《汾陽縣志》，乾隆三十七年
    刊本（1772）。

文獻，豈所謂急務哉。」的話後，隨即引起章學誠激越的反應，章的回答是：

> 方志如古國史，本非地理專門，如云但重沿革而文獻非其所急，則
> 但作沿革考一篇足矣，何爲集眾啓館，斂費以數千金，卑辭厚幣，邀君
> 遠赴，曠日持久，成書且累函哉〔註95〕。

前面提到清代以前對於方志起源於「大史」或者「職方氏」並未有太大差異，但是在章學誠之後方志起源於「大史」、「小史」的說法卻有著廣泛的影響，在這段文字敘述裡章學誠堅持方志屬於「史」而非「地」，那麼「大史」、「小史」在章學誠的學術架構裡處於什麼樣的位置，反映在他的方志編纂工作中呢？章學誠主張「方志如古國史」、「方志爲國史取裁」〔註96〕。同樣的「地理」一詞在戴震的學術脈絡裡存在著什麼樣的意義呢？戴震本人確實長於名物考證，關於地理沿革的著述亦頗豐富，就戴震所修纂的《汾州府志》、《汾陽縣志》的體例而言〔註97〕，《汾陽縣志》中說道：

> 志首沿革也，以星野附之，何也？沿革不明，則志中述古，未能有
> 免於謬悠者，故考沿革爲撰志首事，……〔註98〕。

戴震主張修纂方志應當先明「沿革」，與章學誠主張方志重「文獻」不同，但是不代表戴震所纂修的方志僅有地理沿革而章學誠的方志僅注重文獻，實際上章學誠所纂修的方志中亦有沿革，戴震的方志中也有文獻。換句話說章、戴二人所爭論的重點不僅僅只是方志起源的問題，同時也是論學方法的差異，如果我們比較章、戴二者關於方志體例的差異，那麼章學誠所說的「方志如古國史，本非地理專門」與戴震「志首沿革，……，沿革不明，則志中述古，未能有免於謬悠者」就有著知識論上的意義。

　　章學誠與戴震對於方志體例的辯論，象徵著方志學成爲一門獨立的學問，另一方面也隱含著知識論上的爭議。自宋代以來雖然方志的編纂一直未曾中斷，然

〔註95〕〈記與戴東原論修志〉，嘉業堂本，卷十四。
〔註96〕〈方志立三書議〉，嘉業堂本，卷十四。
〔註97〕《汾州府志》作於乾隆三十四年（1769），戴震四十七歲，應汾州太守孫和相之聘所修，其體例爲：例言、圖、表、沿革、星野、疆域、山川、城池、官署、倉廒、學校、壇壝、關隘、營汛、驛鋪、戶口、田賦、鹽稅、職官、宦績、食封、流寓、人物、義行、科目、仕實、列女、古蹟、塚墓、祠廟、事考、雜識、藝文，《汾陽縣志》是乾隆三十六年戴震四十九歲會試不第後所修，在體例上作了一些大幅度的更動，將星野一項併入沿革之中，村市、戶口、風俗併入疆域之中，渠堰附於山川之下，關隘、營汛附於城池，驛鋪、倉庫附於官署之內，鹽稅附於賦稅之下，表坊附於學校，食封、流寓次於職官之後。
〔註98〕戴震，《汾陽縣志》，乾隆三十七年（1772）。

而這一個根基於傳統文化所孕育出來的編纂體裁，卻是在近十幾年來才受到學術界廣泛的重視，方志學受到學術界的重視與整個近代中國學術思潮受到西方學術的影響有莫大關係，當梁啓超在〈清代學者整理舊學之總成績〉中提出「方志學」這一個名詞與傳統歷史地理學做一個區分時，或許只是相對於西方學術的分類概念，在西方學術分類的參考架構下，突顯出方志作為一種體裁的特殊性質，梁啓超說道：

> 實齋關於斯學之貢獻，首在改造方志之概念，前此言方志者為『圖經』之概念所囿，以為僅一地理書而止，實齋則謂方志乃周官小史外史之遺，其目的專以提供國史取材，非深通史法不能從事，概念擴大，內容自隨而擴大〔註99〕。

梁啓超也注意到章學誠對於方志學的貢獻在於概念上的轉變，在這個轉變的過程中章學誠無疑的提供「方志學」成為一門獨立學科的理論系統，但是他並未說明這個「概念擴大」的意義是什麼，而比較重視章學誠的方志在記錄範圍上的擴大，事實上現代大多數的學者也較為傾向注重地方志在提供歷史材料（material）上的優點，但是如果比較戴震與章學誠對於方志體例的差異，那麼所謂的「地」與「史」爭論就不僅只是一個書寫體例上的爭端，同樣也是一種認識方法與知識系統的差異。

〔註99〕梁啓超，《中國近三百年學術史》（台北：台灣中華書局印行，民國76年2月，台十一版），頁304。

第二章　章學誠的方志理論

　　隋、唐以來地方志的編纂往往是因為朝廷編纂一統志的需要而產生，地方志書的體例雖然在宋代已大致定型，但是卻並未形成一種統一的格式與規範。清代以前所編纂的方志，不僅志書的名稱種類繁多，而且各家體例也有相當大的差異，對於方志究竟是起源於「土訓」、「誦訓」或者「大史」、「小史」，實際上並沒有太大的區別，但是在章學誠之後，主張方志起源於《周禮》，與方志在性質上屬於「史」並非地理專門的看法，漸漸地為學術界所接受。在近代由於相對於西方學術分科的概念下，「地理」成為一門獨立專科，梁啟超將傳統地理學訓詁考證的研究方式界定為「歷史地理學」，並且清末以來大量的引進西方地理學知識，相對的也突出方志作為一門學問的獨特性質，章學誠主張「志為史裁」區分方志與地理專門的主張更受到世人廣泛的重視，「方志學」獨立成為一門專門學問的過程中，章學誠對於方志體例的討論，提供了「方志學」最大的理論依據。

　　章學誠不僅熟讀前朝各家方志，並且嫻熟於史學撰述源流。同時，章氏將方志著述以及史學批評視為其一生事業，將他的理論落實在參與地方志的編修工作上，在實踐的過程中發展出獨特的方志理論，《文史通義》中關於方志體例的討論，顯示出章學誠企圖為方志編纂建立起一門學科規範（discipline）所作的努力，章學誠說道：

　　　　鄙人少長貧困，筆墨干人，屢膺志乘之聘，閱歷志事多矣。其間評騭古人是非，斟酌後志凡例，蓋嘗詳哉其言之矣。要皆披文相質，因體立裁。至於立法開先，善規防後，既非職業所及，嫌為出位之謀，間或清燕談天，輒付泥牛入海。美志不效，中懷闕如。然定法既不為一時，

　　則立説亦何妨俟後，是以願終言之，以代知者擇焉〔註1〕。

　　章氏一再強調「方志如古國史」、如同「晉《乘》、魯《春秋》、楚《檮杌》之類」。方志的性質屬於歷史，但又如何與《春秋》縮合的上？如果我們不對章學誠的學術作平列式的轉述，並且企圖指出章學誠的史學理論，有其本體論上的契合（「道」的呈現）。那麼在理解章學誠的學術或者方志理論之時，也就有必要先探究這些主張，在他的思想體系的脈絡中，存在著什麼樣的關係，探討章學誠對於方志體例所作的規劃，以及章氏方志理論形成過程中的轉折。為分析方便，本文參考胡適著、姚名達訂補《章實齋先生年譜》，將章學誠一生編撰地方志的過程以及其他相關性的資料作年表如下：

表 2-1　章學誠著作年表

年　　代	書　　名	修　纂　者	相　關　資　料
乾隆二十九年 二十七歲	《天門縣志》24卷	協助其父章鑣纂修。	作〈答甄秀才論修志〉二書以及〈修志十議〉，是年清廷重修《一統志》。
乾隆三十二年 三十歲	國子監志	受國子監祭酒歐陽瑾、司業朱棻元推舉專司修志。	至乾隆三十七年辭監志局事。
	《順天府志》	協助朱筠纂修《順天府志》	
乾隆三十七年 三十五歲			作〈候國子監司業朱春浦先生書〉申明其脱離監志局之故。始作《文史通義》有〈上辛楣宮詹事〉論史學。
乾隆三十八年 三十六歲	《和州志》	應知州劉長城之聘	是年夏天在寧波道署遇戴震，不歡而散。該書之特色為立「文徵」以及「闕訪」、「前志」二傳。
乾隆三十九年 三十七歲	撰《和州志》42篇。編摩既訖，因採州中著述有裨文獻，及文辭典雅者，輯為《和州文徵》八卷。		朱筠去職，繼任安徽學政者為秦潮，以該書「詳州而略縣」為由不予刊行，因刪為二十篇名曰《志隅》，作〈方志辨體〉答安徽學政秦潮。
乾隆四十二年 四十歲	《永清縣志》10卷	知縣周震榮延修	是年五月二十七日，戴震卒於北京，作〈朱陸篇〉
乾隆四十四年 四十二歲			《永清縣志》於是年七月完成，作《校讎通義》四卷。遇盜，僅剩三卷。

〔註1〕〈州縣請立志科議〉《文史通義》，大梁本，葉瑛校注，（台北：里仁書局印行，民國73），頁587。

乾隆四十六年 四十四歲			作〈爲張吉甫司馬撰大名縣志〉。
乾隆五十年 四十八歲			知縣張維祺採先生之義例完成《大名縣志》四十卷。是年七月《四庫全書》完成。
乾隆五十三年 五十一歲	開修《史籍考》		作〈與洪樨存書〉、〈與孫淵如書〉、〈報淵如書〉;〈劉氏書樓題存我樓記〉、〈論修史籍考要略〉。
乾隆五十四年 五十二歲	《亳州志》〈佚〉	知州裴振延修	該書之特色爲立「人物表」、「掌故」。作《文史通義》〈原學〉、〈原道〉、〈博約〉、〈經解〉〈答沈風墀論學〉。
乾隆五十五年 五十三歲			作〈人物表例義〉、〈掌故例義〉兩篇。及〈答客問〉三篇。作〈方志立三書議〉章學誠之方志理論始完成。
乾隆五十六年 五十四歲	《麻城縣志》28 卷	知縣黃書紳延修。	作〈史德〉篇。
乾隆五十七年 五十五歲	續編《史籍考》, 《續通鑑》修成		〈書教〉三篇完成,並有〈史學別錄義例〉、〈與邵二雲論修宋史書〉一篇。
乾隆五十八年 五十六歲	《常德府志》24 篇		作〈報廣濟黃大尹論修志書〉。
	《荊州志》	應畢沅之邀,助知府崔龍見修	作〈覆崔荊州書〉。
乾隆五十九年 五十七歲	《湖北通志》脫稿, 73 卷。		受進士陳熷謗,作〈駁陳熷議〉、〈爲畢制府擬進湖北三書序〉、〈與陳觀民工部論史學〉及《湖北通志》書。
嘉慶二年 六十歲			借浙江巡撫謝啓崑、學使阮元之力,續編《史籍考》,因洪亮吉《卷施閣文集》中〈與章進士書〉而作〈地志統部〉規洪亮吉之非。
嘉慶三年 六十一歲			續編《史籍考》作《文史通義・易教》篇。
嘉慶五年 六十三歲			作〈書原性篇後〉、〈浙東學術〉。
嘉慶六年 六十四歲			卒於是年十一月,文稿於生前交由蕭山王宗炎校定。

第一節 修志十議

　　章學誠生於清乾隆三年（1738），卒於嘉慶六年（1801），一生數度困厄，不得不投靠朋友或者依附名公巨卿擔任幕僚，受其資助從事著述事業；編修方志、進行《文史通義》的撰述，以及編纂《史籍考》、《續通鑑》成為章學誠一生的寫照，遺憾的是章氏一生著述豐富，但傳世的卻非常的少。實齋雖然歷任志事，纂修過許多方志，卻如同他乖蹇的命運一般，在纂修的過程中時常必需與人往復辯難，甚至於完成後卻不見刊刻，然而他的方志理論卻對於後世產生極大的影響。章學誠立志從事方志纂修工作，以及試圖為方志體例重新建立新的學術規範，早於二十七歲時，在他寫給國子監的同窗甄松年的三封書信中表達出這個企圖。在〈答甄秀才論修志〉二封書信中，章學誠即主張方志體例仿照紀傳體裁立外紀、年譜、考、傳四體，這四體的內容分別是「皇恩慶典，當錄為外紀；官師銓除，當畫為年譜；典籍法制，則為考以著之；人物名宦，則為傳以列之〔註2〕。」章學誠一生幾個重要的修志理念，例如主張「志如史乘」、設立志乘科房，反對以地理類纂的方式編纂方志等，已在這二篇文章中見其梗概，這些意見稍後在章學誠參與其父章鑣所修纂的《天門縣志》，與天門知縣商議修志凡例之時，將上述的意見以及纂修方志的優缺點和應當注意的事項，濃縮成類似「守則」式的議論：

　　　　修志有二便：地近則易覈，時近則迹真。有三長：識足以斷凡例，明足以決去取，公足以絕請託。有五難：清晰天度難，考衷古界難，調劑眾議難，廣徵藏書難，預杜是非難。有八忌：忌條理混雜，忌詳略失體，忌偏尚文辭，忌粧點名勝，忌善翻舊案，忌浮記功績，忌泥古不變，忌貪載傳奇。有四體：皇恩慶典宜作紀，官師科甲宜作譜，典籍法制宜作考，名宦人物宜作傳。有四要：要簡，要嚴，要覈，要雅〔註3〕。

　　章學誠將之歸納為「乘二便，盡三長，去五難，除八忌，而立四體，以歸四要。」〔註4〕，〈十議〉中提出更具體的主張，分別是：一、議執掌。主張由專官負責修志，各有執掌互不侵權。二、議考證。主張六曹案牘，律令文移，有關政教典故、風土利弊者，一率錄出副本送交志館，以為修志之憑藉。三、議徵信。主張邑志尤重人物，取捨貴辨真偽。凡是舊志中所記載之人物，重新考核有改無削，新志人物，則由一憑本家子孫列狀投櫃，經過核實證明無虛後，再送交志館

〔註2〕〈答甄秀才論修志第一書〉，大梁本，頁819。
〔註3〕〈修志十議〉，大梁本，頁843。
〔註4〕同前註。

立傳。四、議徵文。主張仿效《漢書·藝文志》以及劉歆《七略》，將地方之藝文著述做一目錄，說明其源流始末，現存之人縱使有著作亦不得入傳。五、議傳例。不爲生人立傳。六、議書法。主張「考」與「傳」二體敘述必需嚴謹，「考」注重政教典禮與民風土俗，而浮誇形勝附會景物的則略去。而古蹟名勝，有眞實憑據，名人題詠，的確卓然可記的，僅能由小書分注於正文之下。「傳」以名宦鄉賢，亦以能表現忠孝節義，有重大德性者爲重。職官、科目無可記之事蹟者，均不得立傳，另立歷任職官年譜，並且邑紳另立有甲科年譜，年經月緯之下，但注姓名，不得更有浮辭塡入。七、議援引。主張史志引用成文，必需有關於事實，並且於引文之上，標出原作者姓名，仿照《史記》、《漢書》之例，若辭句少有更動者，用「其辭曰」爲句首，文句大有更動者，以「其略曰」開始。八、議裁制。主張以大書分注之例，將舊志可資記載者附錄於正文中。九、議標題。主張仿照《史記》、《漢書》八書十志之例纂寫方志。十、議外編。主張於紀、表、志、傳之外，另例「外編」或「雜記」，收錄一些零星的記錄或雜亂不知如何歸屬的事物。

這些修志準則中，比較重要者爲第九項「議標題」，在「議標題」裡，章學誠說明了他爲何主張方志仿照紀傳體裁的記錄方式，他認爲清代方志在體例上不僅不符合史法，並且標題分類過於繁瑣，章學誠說道：

> 近行志乘，去取失倫，蕪陋不足觀采者，不特文無體要，即其標題
> 先已不得史法也。如採典故而作考，則天文、地理、禮儀、食貨數大端，
> 本足以該一切細目。而今人每好分析，於是天文則分星野、占侯爲兩志，
> 於地理又分疆域、山川爲數篇，連篇累牘，動分十幾門類。夫《史》、《漢》
> 八書十志之例具在，曷常作如是之繁碎哉〔註5〕？

這項議論主要是針對當時以地理考據的方式編纂方志而發，地方志的體裁自北宋以來大都是依照事類而分，例如宋敏求《長安志》分爲八項〔註6〕，羅願的《新安志》共有十卷〔註7〕，到了清代則更爲繁複，例如錢大昕《鄞縣志》分爲三十卷〔註

〔註5〕同前註。

〔註6〕《長安志》收入於《宋元地方志叢書》（台北：中國地方志研究會編印，民國67年），頁2。共分爲總敘、分野、土產、土貢、風俗、四至、管縣、雜制八個項目。

〔註7〕《新安志》收入於《宋元地方志叢書》，頁487，《新安志》共分爲第一卷：州郡。第二卷：物產、貢賦。第三卷：歙縣。第四卷：休寧，祁門。第五卷：婺源、績溪、黟縣。第六、七卷：先達。第八卷：進士題名、義民、仙釋。第九卷：牧守。第十卷：雜錄。

〔註8〕《鄞縣志》，乾隆五十三年刻本（1788）。共分三十卷。分爲卷一：建置沿革。卷二：城池。卷三：山川。卷四：水利。卷五：學校、公署。卷六：田賦、兵制、海防。卷七：壇廟。卷八：職官。卷九、十：選舉。卷十一：名宦。卷十二至卷十七：人

8），段玉裁《富順縣志》雖僅有五卷，但卻分爲二十七個門目〔註9〕，洪亮吉《登封縣志》亦有二十八卷〔註10〕，另外張祥雲修、孫星衍纂的《盧州府志》則有五十四卷〔註11〕，皆是依照事類而分，將事類依照卷次排列，不僅沒有一定的排列方式與次序，並且是依照個人的學識、能力的高下，以及個別地區的差異，分爲不同的門類，對於記錄的詳略亦無一定的劃分，即使是同一個門目中，不同的修纂者之間亦無固定之章法。這種單純的將某些事項歸類在某一門目之下，或者單一事項獨立成爲一個門目，然後將各個門目依照卷次平列，有如百科全書式的類纂編纂方式，不僅記錄上連篇累牘，同時也難以使讀者明瞭撰述之宗旨，因此章學誠主張仿照《史記》、《漢書》八書十志之例，將方志所記錄的事項歸納在紀傳體的體例之下，依照紀傳體的分類方法來訂立標題。

第二節　方志立三書議

乾隆五十五年（1790），章學誠以問答的方式寫下〈方志立三書議〉，此篇一出，章氏之方志理論已臻於成熟：

> 凡欲經紀一方之文獻，必立三家之學，而始可以通古人之遺意也。
>
> 倣紀傳正史之體而作志，倣律令、典例之體而作掌故，倣《文選》、《文苑》
>
> 之體而作文徵。三書相輔而行，缺一不可，合而爲一，尤不可也〔註12〕。

章學誠解釋方志設立志、掌故、文徵三體有各自的淵源：「紀傳正史，《春秋》之流別；掌故、典要，官禮之流別；文徵諸選，風詩之流別也。」〔註13〕現代有些學者反對章學誠「志爲史裁」的看法，主張方志是橫斷性、當代性的記錄，與「史」強調縱貫性的記錄方式不同，這樣的一種說法是將「史」侷限在以敘述往事爲主要目的與功能，也就是「史」等於過去的時間加上過去的事物。這個問題牽涉到「史學」本質的意義，以及傳統史學的編纂方式，是否能夠被歸納在這個「縱貫性」、「橫斷性」的分別方式裡。方志在性質上，確實是一種當代性的地方

物。卷十八：孝義、藝術、寓賢。卷十九：列女。卷二十：仙釋。卷二十一、二十二：藝文。卷二十三：金石。卷二十四：古蹟、冢墓。卷二十五：寺觀。卷二十六、二十七：雜識。卷二十八：物產。卷二十九：土風。卷三十：辨證、舊志源流。

〔註 9〕段玉裁，《富順縣志》，乾隆四十二年刊本（1777）。

〔註 10〕洪亮吉，《登封縣志》，乾隆五十二年刊本（1787）。

〔註 11〕孫星衍，《盧州府志》，嘉慶八年刊本（1803）。

〔註 12〕〈方志立三書議〉，大梁本，頁 571。

〔註 13〕同前註。

記錄但是作爲一種全稱概念的「史」字意涵，卻有著多樣性的複雜意義，尤其是在中國正史體裁裡，紀傳體「年經事緯」的體例，本身就包含了橫斷或者縱貫兩種性質。這種使用「縱貫性」或者「橫斷性」的描述手法來區別「志」與「史」的差異，不僅無法說明傳統學術中「史」字的意義，同時也有對二十世紀以來，東、西歷史學做出過度化約裁判的嫌疑。另外「地方志就是地方志」的說法，似乎頗能道出宋、明以來地方志的特殊性，然而如此的詮釋手法也有它相對的危險性，方志雖然是一項特殊的編纂體裁，但它仍然是在同一個文化母體孕育下產生，與傳統史學有著不可分離的關係，如此的說法有如斬斷歷史文化的脈絡，使地方志看起來像是一個歧出文化傳統的異質成份，主張方志的性質是「橫斷性」，或者「地方志就是地方志」的說法，其實都是嘗試著要說明地方志起源於圖經，與章學誠主張「志爲史裁」並不相同。

　　然而章學誠主張方志採用紀傳體的編纂方式，則是將方志的源頭上溯到一個更古老的傳統——官禮，將原來屬於地理類書的編纂概念，轉變爲以正史體裁爲史學主流的學術傳統，把方志帶入到中國史學的論述結構中來討論；這與章學誠嫻熟於史學著述源流不無關係，透過史學著述源流的討論，章學誠確立了方志的性質與體例，因此在理解章學誠的方志理論之前，有必要先理解章學誠的史學理論。

一、方志與紀傳體

　　章學誠主張，倣紀傳正史之體爲〈志〉；倣律令典例之體爲〈掌故〉；倣《文苑》、《文選》之體爲〈文徵〉，爲求完備又加上〈叢談〉，以求事無不纖細〔註14〕，而章學誠也認爲方志在編纂精神與方法上與《春秋》是相對應的，章學誠說道：「孟子曰：其事，其文，其義，《春秋》之所取也。即簿牘之事而潤以爾雅之文，而斷之以義，國史方志，皆《春秋》之流別」〔註15〕。從章學誠以方志體裁仿照紀傳正史，並且比擬於《春秋》之流別裡，我們可以看到章學誠的方志體例，受到中國史學論述傳統的影響，這個影響必需上溯到《孟子‧離婁》關於文、事、義的一段話〔註16〕。另外一個影響則是來自史學批評的傳統，對於編年體以及紀傳體在敘事體裁上的比較，歷來學者多有討論，例如劉勰的《文心雕龍》與劉知幾《史

〔註14〕〈方志立三書議〉，《章氏遺書》，嘉業堂本，（台北：漢聲出版社，民國62年），卷十四。
〔註15〕〈方志立三書議〉，大梁本，頁574。
〔註16〕孟子曰：「王者之跡熄而詩亡，詩亡而後春秋作。晉之《乘》，楚之《檮杌》，魯之《春秋》，一也。其事則齊桓晉文，其文則史。孔子曰：『其義，則丘竊取之矣。』」

通》，這些學者多認為從《春秋》到《左傳》、《史記》、《漢書》的演變流程，是一個史學書體在記錄範圍上不斷擴大、在敘事上不斷求圓備的過程〔註17〕。

　　從敘事結構的比較來看，《春秋》是以魯史為中心的記錄，在敘事結構上以時間編年為經，「以事繫日，以日繫月，以月繫時，以時繫年」。換言之，事件的呈顯是依附在時間之中，在一個連續的時間裡呈現出事件的始末。在這個連結環扣緩慢的時間進程中，事件之所以成為一個「事件」是以孔子的「義」來貫聯時間序列中的「事」，所以孔子自言道：「知我者其惟春秋乎，罪我者其惟春秋乎！」，也正因為時間與事件是以孔子發顯闡微的「義」來連結，在一個有限的時間中，要充分的表達文、事、義三種關係的聯繫，故而其文必需言簡而意深，因此劉知幾說道《春秋》：「理盡於一言，語無重出，此其所以為長也。」〔註18〕，但正也是如此，事件的記錄侷限在一個有限的時間中，記錄與敘述的範圍相對的具有侷限性，故而子玄論編年體的得失為「故論其細也，則纖介無遺，語其粗也，則丘山是棄，此其所以為短也。」〔註19〕。孔子以「義」來貫連「文」、「事」，在後世發展出三種詮釋《春秋》的著作，三《傳》之中大抵《左傳》以述事為主，《公羊》、《穀梁》則以述義為主，「傳」以緯「經」的說法大抵已為學術界所接受，在傳統中國史學的脈絡裡，時常以「傳以釋經」，來描述《春秋》與《左傳》之間的關係〔註20〕，會形成這樣的情形，主要於「義」的表述，本身就帶有個人主觀詮釋的意味，杜預《春秋經傳集解》中說道：

　　　　《春秋》不刊之書也，故「傳」或先經以始事，或後經以終義，或依經以辨理，或錯經以合異，有隨義而發其例之所重，……裁成義類者，皆據舊例而發義，指行事以正褒貶〔註21〕。

────────────

〔註17〕劉勰，《文心雕龍‧史傳篇》中提到：「昔者，夫子憫王道之缺，傷斯文之墜，…，因魯史以作《春秋》，……丘明同時，實得微言。乃原始要終，創為傳體。傳者，轉也。轉授經旨，以授於後，……。子長繼志，甄序帝勛。比堯稱典，則位雜中賢；法孔題經，則文非元聖，故取式《呂覽》，通號曰紀。紀綱之號，亦稱宏也。故〈本紀〉以述皇王，〈列傳〉以總侯伯，〈八書〉以鋪政體，〈十表〉以譜年爵；雖殊古式，而得事序焉爾。」劉知幾在《史通》內篇〈六家〉提出：「《尚書》家、《春秋》家、《左傳》家、《國語》家、《史記》家、《漢書》家」；並且在外篇〈古今正史〉中一再詳述這一個書體源流。

〔註18〕劉知幾著，浦起龍釋，《史通‧二體》（台北：里仁書局，民國69年），頁27～29。

〔註19〕同前註。

〔註20〕《左傳》傳不傳經的問題，是學術界的一大公案，牽涉到今文經學與古文今學之爭，以及宋明以來關於「五經皆史」命題的討論，由於這些問題已非本文所能負荷，並且學術界對於這些問題的研究也相當豐富，故而在此略而不論。

〔註21〕杜預，《春秋經傳集解》，相臺岳氏本，（台北：新興書局，民國68年）。

就紀傳體而言，《史記》以人物爲主，其敘事體例分爲五體，劉知幾提到：「又紀者，即以編年爲主，唯敘天子一人。有大事可書者，則見之於年月，其書事委曲，付之列傳。此其義也」〔註22〕。易言之，紀傳體裁仍是繼承《春秋》編年體爲主，將〈本紀〉（時間）所無法容納的項目置於〈世家〉、〈列傳〉、〈表〉、〈書〉五種體例之中。與編年體比較而言，紀傳體是以〈本紀〉編年的時間爲軸線，配合其他四體，交織成一個結構完整的時空，在這個結構性的敘述時空中，不同性質的史事，可以擁有完整的敘述領域。在〈書教〉篇裡，章學誠指出書體的轉變是從《尚書》「因事命篇不爲常例」到《春秋》「比事屬辭爲稍密矣」，再自《左傳》、《國語》到紀傳體史書《史記》、《漢書》，其優點在於「年經事緯，不能旁通者，得從類別區分爲益密矣」〔註23〕。因此，到目前爲止我們可以辨認出來，紀傳體裁的結構是以本紀編年的時間爲土（縱），而廣之以其他四體（橫）。

從史學批評的脈絡來看章學誠，「左氏編年，不能區分類例，《史》《漢》紀、表、傳、志，所以濟類例之窮也」〔註24〕，就顯得未必是什麼大不了的創見，我們同樣可以在劉勰與劉知幾的論述中找到類似的說法，例如《史通》內篇裡有〈六家〉、〈載言〉、〈書志〉，分別專章討論書、志以及《尚書》體例。與章學誠不同的是，在劉知幾所論述的史學源流裡，《尚書》的地位只是當作中國史學的初始型態，但在章學誠的眼光中《尚書》卻有著「達微隱，通形名」、「詳略去取，惟意所命」，三代官禮之遺的崇高地位，既是三代「記注」之成法，也是「圓而神」的著作，並且章學誠也反對劉知幾以「記言」、「記事」來區分《尚書》與《春秋》的做法。在章學誠的眼光中《尚書》是「事即言」、「言即事」的先王經世之大法。然而章學誠與劉知幾二人仍然有其共同之處，皆以紀傳體裁之〈本紀〉、〈八書〉、〈十志〉分別承繼《春秋》、《尚書》之成法，並且將〈本紀〉與〈八書〉、〈十志〉比擬爲《春秋》與《左傳》之間的關係〔註25〕。章學誠說道：

> 夫子之作《春秋》，莊生以謂議而不斷，蓋其義寓於其事其文，不自爲賞罰也。……後之論者，至以遷、固而下，擬之《尚書》；諸家編年擬之《春秋》。不知遷、固〈本紀〉，本爲《春秋》家學，書、志、表、

〔註22〕劉知幾著，浦起龍釋，《史通·本紀》（台北：里仁書局，民國69），頁39。
〔註23〕〈書教〉下，大梁本，頁50。
〔註24〕前引書，頁51。
〔註25〕劉知幾，〈二體〉：「案《春秋》時事，入於左氏所書者，蓋三分得其一者，丘明自知其略也，故爲《國語》以廣之。……故班固知其若此，設紀傳以區分，始其歷然可觀，綱紀有別。」

傳，殆猶《左》、《國》內、外與爲終始發明耳。〔註26〕

然而，面對紀傳、編年體裁的缺失，章學誠不似劉勰的承認現況〔註27〕，或者像劉知幾般有點無可奈何的說道：「然班、荀二體，角力爭先，欲廢其一，固亦難矣。」〔註28〕，章學誠在另外一種體裁裡找到解決之道，章學誠在〈書教下〉篇末中主張以紀事本末體來改良紀傳體。這項主張早在章學誠寫於〈書教〉之前的〈方志立三書議〉中即已表明：

> 若夫紀事本末，其源出於《尚書》；而《尚書》中折而入於《春秋》，故亦爲《春秋》之別也，馬、班以下，代衍《春秋》於紀傳，《通鑑》取紀傳之分，而合之以編年；《紀事本末》又取《通鑑》之合，而分之以事類；而因事命篇，不爲常例，轉得《尚書》之遺法〔註29〕。

何以章學誠會將他所說的「纂錄小書」，當作是一種紀傳體的救弊良方？〔註30〕章學誠主張以紀事本末體，來改良編年、紀傳體裁，在編年體的敘述侷限於時間編年內，與紀傳體因記錄範圍擴大而使事件割離的兩難裡，尋找出一個適當的解決辦法〔註31〕，在這裡我們可以看到劉知幾確實是章學誠長久以來心理中潛在的對

〔註26〕〈經解〉下，大梁本，頁111。

〔註27〕對於紀傳體裁的缺失，兩人的批評分別是：「然紀傳爲式，編年綴事，文非泛論，按實而書：歲遠則同異難密，事積則起訖易疎，斯固總會之爲難也。或有同歸一事，而數人分功；兩記則失於複重，偏舉則病於不同，此又銓配之未易也。」，《文心雕龍‧史傳》。劉知幾，《史通‧二體》：「史紀者，紀以包舉大端，傳以委曲細事，表以譜列年爵，志以總括遺漏，逮於天文、地理、國典、朝章，顯隱必該，洪纖靡失。此其所以爲長也。若乃同爲一事，分在數篇，斷續相離，前後屢出，……此其所以爲短也。」

〔註28〕同前註。

〔註29〕〈方志立三書議〉，大梁本，頁576。

〔註30〕對於紀事本末體，章學誠不過在篇末結尾時才提出來，但是卻引起民初以來史學界的重視，日本學者內藤虎次郎以及胡適、錢穆等學者，都以爲章學誠主張紀事本末體，並且將紀事本末體比擬爲西方或者說是近代學術研究所慣用的章節體，認爲這是章學誠的一大發現，究竟紀事本末體與章節體有何相似之處？以及內藤、胡適等人在理解章學誠的話語時，是否已帶入了一種主觀的理解，以至於在主張西化的同時，順理成章的將兩者之間畫上等號，是一個非常值得研究的問題，由於這個問題已溢出本文所討論的範圍，也只有俟諸日後再作討論吧！

〔註31〕〈書教下〉中說道：「《尚書》爲史文之別具，如用左氏之例，而合於編年，即傳也。以《尚書》之義，爲《春秋》之傳，則左氏不致以文徇例，而浮文之刊落者多矣。以《尚書》之義，爲遷《史》之傳，則八書三十家，不必分類，皆可倣左氏而統名曰傳。或考典章制作，或敘人事始終，或究一人之行，或合同類之事，或錄一時之言，則較之左氏翼經，可無局於年月後先之累；較之遷《史》之分列，可無歧出互見之煩。文省而事益加明，例簡而義亦加精，豈非文質之適宜，古今之中道歟？」

手，在章學誠的字裡行間中經常流露出一種「影響的焦慮」（the anxiety of influence）
〔註32〕，我們可以從章學誠其他的著作中找到一點蛛絲馬跡，在〈史篇別錄例議〉
中章學誠說道：

> 編年、紀傳同出《春秋》；二家之書各有其利與弊，劉知幾論之詳
> 矣；……，紀傳之書例類易求而大勢難貫，劉知幾謂一事分書或著事詳
> 某傳，或標互見某篇，不勝繁瑣以為弊也。不知馬班䣓例，已不能周，
> 後史相沿，皆顯而易見者耳，倘使通籲全書，悉用其例，則不至於紀傳
> 互殊，前後矛盾，如校刊諸家所糾舉者矣。劉氏不知其弊，正由推例未
> 廣，故以為繁瑣，所議未為中其弊也〔註33〕。

胡適之《年譜》記錄此篇作於乾隆五十七年（1792），與〈方志立三書議〉、〈書教〉
同時〔註34〕；由上段的引文中，可以看到章學誠的討論以劉知幾為對象，對於劉
知幾關於紀傳體的評論並不滿意，語意中且帶有一種競爭性的口吻；在這篇文章
中章學誠提出「以事為綱」，注於別錄冠於全書之首，使觀覽者能夠提綱挈領便於
查找。章學誠說道：

> 史家幾忘《書》為紀事而作，紀、表、志、傳將以經緯一朝之事，
> 而直視為科舉程式胥吏案牘，所謂不得不然之律令而已矣；誠得以事為
> 綱，而紀表志傳之與事實相符者，各注於別錄，則詳略可以互糾，而繁
> 複可以檢省，載筆之士，或可因是而恍然有悟於馬班之家學歟〔註35〕。

我們不難推斷紀事本末體的前身即是別錄，而紀事本末體則是章學誠在面對劉知
幾這個強大壓力下，所找到的自我解套的一個方法，他將紀事本末體比擬為《尚
書》「因事命篇，不為常例」，不過是為他的論點在史學傳統中尋找一個有力的支
撐點，以紀事本末體「因事命篇，以緯本紀」〔註36〕的方式來改良紀傳體。

〔註32〕這個語詞的使用，以及章學誠心理的潛在敵人的想法，是受到宋家復先生的影響，
　　　　在其碩士論文——《章學誠的歷史構想與比較研究》一文中，於第三章比較劉知幾
　　　　與章學誠關於「史」字意涵的解釋時提出，但並未做更進一步的研究，在這裡我嘗
　　　　試著撿其未發之剩意，試著從章學誠本身來說明這一個焦慮的影響關係。諷刺的
　　　　是，當我在進行寫作的過程中，正為這個問題傷透腦筋時，猛然的發現我也正在經
　　　　歷另一種「焦慮的影響關係」。
〔註33〕〈史篇別錄例議〉，嘉業堂本，卷七。
〔註34〕胡適著 姚名達訂補，《章實齋先生年譜》（台北：遠流出版公司，民國75年），頁
　　　　129。
〔註35〕同前註。
〔註36〕〈書教〉下，大梁本，頁53。

二、方志與掌故

　　章氏主張方志體例採用紀傳體的方式，設立外紀、表（年譜）、考（書）、傳、以及倣《文選》、《文苑》設立文徵，是章學誠從開始參與編修方志就確立的原則，但是三書之中的掌故一項，則必需經歷過長時期的研究與實踐才得完成，由每一次的修志體例中，可以看出章學誠方志體例發展的大致情形：

表 2-2　章學誠方志著作體例表

（本表參考林天蔚先生之《方志學與地方史研究》並加以增補、訂正）。

著　作	和　州　志	永　清　縣　志	亳　州　志	湖　北　通　志
年　代	乾隆三十八年	乾隆四十二年	乾隆五十四年	乾隆五十九
紀	皇言	皇言、恩澤	佚	皇言紀、皇朝編年（附前代）
表	官師、選舉、氏族	職官、士族、選舉	人物表例議三篇	職官、封建、選舉、族望、人物
輿　圖	輿地（建置、營汛、水利）	輿地、水道、建置	佚	方輿、沿革、水道
考	田賦、藝文	吏、戶、禮、兵、刑、工	佚	府縣、輿地、食貨、水利、金石、藝文
政　略	政略	政略	佚	經濟、循績、悍禦、師儒
傳	列傳、闕訪、前志	列傳	佚	列傳五十三篇
文　徵	文徵（奏議、徵述、論著、詩賦）	奏議、徵實、論說、詩賦、金石	佚	文徵八集
掌　故	無	無	掌故例議三篇	掌故六十六篇（吏、戶、禮、兵、刑、工）
叢　談	無	無	佚	叢談四卷（考據、軼事、瑣語、異聞）

　　《亳州志》纂修於乾隆五十四年（1789），在修纂的過程中，章學誠同時也完成了《文史通義》內篇中幾篇重要的文章，例如〈原道〉、〈經解〉、〈答客問〉、〈書教〉諸篇，大約是作於《亳州志》與〈方志立三書議〉前後，並且《史籍考》的編纂工作也進行了一段時日。可以這麼說，編纂《亳州志》前後幾年時間，是《文史通義》發展重要的關鍵年代。從稍後纂修的《湖北通志》與先前纂修的《永清縣志》比較，可以發現其中的改變，而這個轉變的關鍵則在「掌故」的設立，《亳州志》創立「掌故」、「人物表」，是章學誠方志體例變動最大的一部份，也是最具創意的地方，可惜《亳州志》今已無存，僅留下議例三篇。

　　〈方志立三書議〉寫於《亳州志》後，是時章氏方志理論已大致發展完成。乾隆五十七年（1792），章學誠在一封與邵二雲的書信中寫到：「近撰〈書教〉之篇，所見較前似有進境，與〈方志三書〉之議同出新著。」〔註37〕，可見〈方志立三書議〉與〈書教〉篇有相互發明之處。掌故的設立不僅是方志編纂體例上的改動，同時也是章學誠發展其內篇理論最大的依據；其來源除了仿紀傳體八書、十志之例外，更重要的是章學誠相信「道器不離」，以及政教典章出於「治教無二，官師合一」、「聖人即身示法；因事立教」〔註38〕。「道」是一個自然的客觀存在，「器」在章學誠的文章脈絡裡具有二種意義，兼指與「道」這個字詞對稱的「政教典章，人倫日用」，以及史家記注、撰述的工作。就第一種「道」、「器」之間的關係而言，「道」是自然的普遍存在，起於「三人居室」之中，存在於生活世界中自然生成的秩序；就第二種意義而言，「道」起於「三人居室」之中，而為聖人作制的政教典章所發顯，故而「即器明道」必學於眾人，形而上的「道」必需在形而下的「人倫日用」中顯現，所以是「道器不離」。

　　章學誠一再強調「立言必有所本」、「文章期於明道」，「道」不存在於「離事而言理」的文辭虛指中，誠然如宋家復先生在他的文章中所指出的，六經在書寫之時，並不是為了表述「道」的存在這個目的而作，六經在孔子刪述之前，具有三代聖王行使政治權力的統治工具性格，並且是有如法典般的教化功能，這點宋家復先生確有所見。但是在這個的脈絡下，章學誠提出的「六經皆史」這個命題，雖然並未否定「六經」的經典性地位，但卻是針對當時乾嘉考據學風「道在六經」的挑戰，並非如宋家復先生在他的文中所說的：

> 至少就章學誠的觀點而言，顧（炎武）、戴（震）二人「道在六經」的命題本身與他自己的「道在事物」或「道在人倫日用」其實並不必然構成矛盾。因為六經作為書寫文本，與「事物」、「人倫日用」一樣都屬於道已形著的「器」的層次，既然「道器不離」，那麼說「道在六經」應該也沒什麼不可以〔註39〕。

當然不可以，因為章學誠的六經，是屬於上古官禮系統中的史官執掌，並非是孔

〔註37〕〈與邵二雲論修宋史書〉，嘉業堂本，卷九。
〔註38〕〈原道中〉，大梁本，頁131。
〔註39〕宋家復先生在他的文章中反駁余英時先生的論點，認為「道在六經」與「道在人倫日用」並不必然構成矛盾，宋先生的舉證其實是有點薄弱的，原因在於宋家復先生忽略了，在章學誠文本中，有時六藝或者六經同樣都屬於三代官守執掌，而並非是經過孔子刪述的「六經」，在此不一一辨證，見宋家復，《章學誠的歷史構想與比較研究》，台大碩士論文，民國81年），頁72。

子所刪述，經過後世儒者不斷經典化的「六經」〔註40〕。

　　章學誠一再強調六經原本不稱作「經」〔註41〕，六經原來是三代以前用以教人的典章制度，孔子的刪述不過是約六經之指、存先王之道，「六經」義理可以用章句訓詁來發明，但是「道」是在變動不居的人事中顯現，故而章學誠說道：「事變之出於後者，『六經』不能言，故約『六經』之旨，而隨時撰述以究大道」〔註42〕。惟有如此，我們才能夠理解章學誠何以主張「貴時王之制度」〔註43〕，以及引用《禮記‧禮器》之文說道：「禮，時為大」的意義〔註44〕，章學誠確實是反對「文以為鞶帨絺繡之玩，而學者鬥奇射覆之資，不復計其實用也。」〔註45〕，但是文章要求切於「人倫日用」則必需要在保存當代典章制度的掌故中求得。

　　在〈書教〉篇中章學誠強調三代官禮系統的記注之成法，因此《尚書》與《周禮》，都屬於這個官禮系統中之史官執掌，這個書體演變的過程大致如下：

　　　　「先王之法」→《尚書》→《周官》→〈八書〉→〈十志〉→〈掌故〉

　　〈掌故〉的設立也是在官禮系統下而產生，地方政府的檔案簿牘，有如《尚書》所記載之典、謨、訓、誥，同樣都是記錄人事演變「道」的發展軌轍，以及著重教化、訓示的功能，就章學誠而言，地方上掌管圖籍，記載命令、法式的書吏，以及中央內閣六科、翰林中書，與《周官》之中的大史、小史、內史、外史並無不同，都是掌管典籍的，以法存先王之道〔註46〕，若是三代沒有執掌典籍的專官，也就不曾留下任何記錄，那麼我們也無從知道古代生活的實際情況〔註47〕。地方州縣吏、戶、兵、刑的事物，等於是國家制度具體而微的縮影，而地方書吏所掌管的檔案文書，在當時的目地是為了作為中央施政的依據，也使後世能藉由

〔註40〕關於這一點，周予同與湯志均在三十四年前合撰的〈章學誠「六經皆史說」初探〉一文，即已指出章學誠文章脈絡中的六經是先王之六經，而非經過後世儒者不斷典化的「六經」。周予同這項論點受到日本東洋史學界的重視，高田淳先生即曾引用周予同的這項觀點。見 周予同、湯志均，〈章學誠「六經皆史」說初探〉，原刊載於《中華文史論叢》第一輯，1962 年 8 月，後收入於《周予同經學史論著選集》（上海：人民出版社，1983，頁 711～727）。以及高田淳，〈章學誠の史學思想について〉，東洋學報第四十七卷第一號，昭和三十九年（1964 年），頁 61～93。

〔註41〕〈經解上〉，大梁本，頁 93。

〔註42〕〈原道下〉，大梁本，頁 104。

〔註43〕〈史釋〉，大梁本，頁 231。

〔註44〕同前註。

〔註45〕同前註。

〔註46〕同前註。

〔註47〕「無三代之官守典籍，即無三代之文章；苟無三代之文章，雖有三代之事功，不能昭揭如日月也。」，〈州縣請立志科議〉，大梁本，頁 587。

此明瞭「道」的發展軌跡〔註48〕。就政治統治而言，中央與地方是一種對應關係，地方政府既是貫徹中央政策的最後單位，另外一方面也反映了整個生活世界的實體，也就是「道」的發展軌跡之所在。既然朝廷的一切施政，必需視地方的需要爲準則，那麼檔案文書的保存就十分重要了：

> 故州縣之志，不可取辦於一時，平日當於諸典吏中，特立志科，僉典吏之稍明於文法者，以充其選。而且立爲成法，俾如法以記載，略如案牘之有公式焉，則無妄作聰明之弊矣。積數十年之久，則訪能文學而通史裁者，筆削以爲成書，所謂待其人而後行也〔註49〕。

從上面這一段引文裡，我們可以看到「通史裁者」，也就是方志編纂者的地位被提高了，因爲地方書吏所掌管的案牘文書，只是負責資料的保存，必需由「通史裁」的編纂者裁成約取，才能顯露出方志的價值與意義。當然，這項理想必需依賴一個制度化的行政官僚體系才可能落實，因此章學誠一再鼓吹仿照《周官》中巨細靡遺的史官執掌，設立志乘科房，專門負責掌管地方政府的檔案文獻。

當章學誠提出「方志爲國史所取裁」這項命題時，這種方志與國史之間的對應關係，也就隨之擴大到史學書寫，「記注」與「撰述」之間關係。有些學者認爲章學誠將方志比擬於國史，以及主張「志爲史裁」是錯誤的，後世郡縣既異於封建，更不當做史例來修志。章學誠的解釋是：封建、郡縣雖然異制，但是就撰述的原則而言，則封建與郡縣並無不同，同樣需要以地方掌故作爲材料，由地方上溯至中央作爲國史撰述的依據。章學誠說道：

> 朝廷修史，必將於方志取其裁。而方志之中，則統部取於諸府，諸府取於州縣，亦自下而上之道也。期會工程，賦稅獄訟，州縣恃有吏典掌故，能供六部之徵求；至於考獻徵文，州縣僅恃猥濫無法之志乘，曾何足以當史官之採乎〔註50〕？

當然，這種材料與撰述之間的關係，並不是由地方上溯至中央，依照行政制度的劃分，由縣、州、府一層一層的往上累加的簡單關係，而是各級政府必需在「詳近而略遠」的原則下，對材料做出取捨，但這也不代表縣志、府志之間的關係，僅僅是由累加的關係，轉變爲順著層級往上遞減的關係，而是各有自己的體例，

〔註48〕章學誠說道：「州縣修志，古者侯封一國之書也。吏戶兵刑之事，具體而微焉。今無其官而有吏，是亦職守之所在，掌故莫備於是，法制莫備於是矣。」見，〈永清縣志六書例議〉，大梁本，頁 747。

〔註49〕〈州縣請立志科議〉，大梁本，頁 589。

〔註50〕〈州縣請立志科議〉，嘉業堂本，頁 278。

章學誠說道：

> 修統部通志，必集所部府州而成，然統部自有統部志例，非但集諸
> 府州志可稱統志，亦非折統部通志之文即可散爲府州志也，諸府志又有
> 府志之一定義例，既非可以上分通志而成，亦不可以下合州縣屬志而成，
> 苟通志及府州縣志可以互相分合爲書，則天下亦安用此重見疊出之綴旒
> 爲哉？〔註51〕

材料與撰述的關係是一種相對的關係，就縣志本身而言，是一種蒐集材料的
撰述，但是相對於州志、府志則又轉成爲材料，章學誠主張「國史取裁於方志」，
是因爲撰述原則由下至上所決定，章學誠將之比擬爲「如《春秋》之資藉於百國
寶書」：

> 方州雖小，其所承奉而施布者，吏户禮兵刑工無所不備，是則所謂
> 具體而爲矣，國史於是取裁，方將如《春秋》之資藉於百國寶書也，又
> 何可忽歟？〔註52〕

另外一方面，章學誠的主張也受到傳統文化的價值觀所決定，章學誠說道：

> 有天下之史，有一國之史，有一家之史，有一人之史，傳、狀、誌述
> 一人之史也，家乘、譜牒一家之史也，部府、縣志一國之史也，綜紀一朝，
> 天下之史也，比人而後有家，比家而後有國，比國而後有天下〔註53〕。

章學誠這段敘述由一個人史，推演到家、國的史，與《大學》齊家、治國、
平天下的理想極爲相似〔註54〕；並且章學誠不只一次的引用《易經》〈屯卦〉上的
一段話：「雲雷屯，君子以經綸。」來描述史家撰述的目的與功能是一種「經天緯
地」的事業。余英時教授認爲章學誠的方志體例過於注重國家體制在方志上的運
用，以此來判斷章學誠有一種權威主義的傾向〔註55〕，實際上章學誠更關心的是
天下，也就是人群社會「道」的發展。「掌故」的設立不僅是仿照周官，用以收納
地方書吏典藏案牘文書，同時也是章學誠「道在史中」、「即器明道」理論發展的
結果，通觀章學誠的方志體例，「掌故」其實是章學誠編纂方志的骨幹，也是章學
誠最滿意的一項創新之舉。

〔註51〕〈方志辨體〉，嘉業堂本，頁269。

〔註52〕〈方志立三書議〉，嘉業堂本，頁275。

〔註53〕〈州縣請立志科議〉，嘉業堂本，頁278。

〔註54〕《大學》中說道：「古之欲明明德於天下者，先治其國；欲治其國者，先齊其家；
欲齊其家者，先脩其身；欲脩其身者，先正其心；欲正其心者，先誠其意；欲誠其
意者，先致其知。致知在格物。」

〔註55〕請參看余英時，《論戴震與章學誠》（台北：華世出版社印行，民國69年），頁77。

第三節 方志立人物表

在《亳州志》裡章學誠仿照《漢書·古今人表》設立人物表，是章學誠對於方志編纂體例，另外一項別出新裁的貢獻。〈古今人表〉將古代人物分為九品，並且只論古人而不記漢代人物，歷來多招致學者非議，認為〈古今人表〉與《漢書》斷代史的體例不合，批評班固自亂體例，劉知幾甚至批評《漢書》設立〈古今人表〉是一項贅物〔註56〕。章學誠基本上同意劉知幾的評論，但是他認為班固作〈古今人表〉的目的，是為了補司馬遷《史記》列傳的不足，而且有一定的功能存在，不當因班固的失裁而予以抹殺。紀傳體設立列傳，是為了與本紀相輔而行，將本紀所無法載入的人物收納入列傳之中。然而畢竟列傳篇幅有限，勢必要對材料作適當的剪裁，若是毫無裁取一併收入，不僅篇幅將會流於浮濫，同時也將失去歷史寫作的價值，但是若闕而不刊，則又失之闕漏，人物表即可以補救列傳在這方面的缺點，將一些應當記錄但卻不一定需要有傳記的人物，收入於人表之中，章學誠說道：

> 而既為著作，自命專家，則列傳去取，必有別識心裁，成其家言；而不能盡類以收，同於排纂，亦其勢也。……列傳裁斷所餘，不以人表收其梗概，則略者致譏挂漏，詳者被謗偏徇，即後人讀我之書，亦覺闕然少繩檢矣〔註57〕。

如果僅從資料的保存來看人物表的設立，確實有如尼文遜先生所描述的，章學誠設立人物表的目地在於「裁剪史料的長度，以及其複雜性」〔註58〕，以及「限制歷史中的資料，破壞我們對於歷史寫作具有價值的概念。」〔註59〕，但是如果我們細讀上一段引文中的前幾句話，「而既為著作，自命專家，則列傳去取，必有別識心裁……」，那麼人物表的問題就不僅只是約取史料，然後如何將史料在全書中尋找一個適當位置的問題。因為列傳的目的在於「論世知人」，何者當記又何者不當記，這就受到作者主觀意識，以及道德和價值判斷的影響。史家在撰述的過程中，最麻煩的也是最無可避免的，恐怕就是人物定位的問題，章學誠也一再批評清代方志在討論人物時，不僅文體沒有一定而且內容雜亂，在品論人物之時也

〔註56〕見劉知幾著，浦起龍釋，《史通通釋·表曆》（台北：里仁書局印行，民國69年），頁53。

〔註57〕〈亳州志人物表例議上〉，大梁本，頁802。

〔註58〕David S. Nivision, The Life and Thought of Chang Hsueh-ch'eng（1738～1801），Stanford University Press, 1966, p.195.

〔註59〕同前註。

是「學必漢儒，貞皆姜女」極盡浮飾〔註60〕，在如此複雜的人事中，如何維持史學最起碼的公正裁斷呢？這個問題恐怕不是單純的要求史家在撰述的過程中，怎麼維持一個公正客觀的立場就能解決，而在後一段引文中，章學誠主張將經過作者主觀裁斷後的人物，分別收納入人物表之中，使讀者能夠藉由人物表明瞭作者的別識心裁，那麼人物表的功能也就不僅僅只是爲了方便讀者觀覽，或者收錄列傳所無法收納的剩餘資料而已，同時也是作者心智活動的展現，章學誠在下一個篇章中說道：

> 是以學者論世知人，與夫檢尋史傳去取義例，大抵渺茫難知；則知人表不可闕也，信矣〔註61〕。

最後一段文字「信矣」，可能一般讀者會將它當作尾注詞讀過，但是如果不把這兩個字，當作文章結尾時的習慣性用語，那麼這其中可能就蘊含著其他的深義。必需注意的是，列傳的寫作對象並不是傳主本人〔註62〕，作者藉由人物列傳所傳達的對象，是社會大眾的一般讀者；「信」的反命題是「不信」，稍微理解中國史學傳統的人都知道，傳統中國史學自孔子以來就強調「無徵不信」，換言之「信必有徵」，但是無論「信」或者「不信」，背後都牽涉到認知主體的意識活動，從這個角度來觀察，「信」的對象當然是一般社會大眾的讀者，方志設立列傳除了史家存眞求實的目外，更重要的在於作者藉由爲人物立傳，來傳達對於社會風俗文化的關懷，當讀者在閱讀傳記之後，能夠對於傳主高尚的品格或者善良的社會風俗，產生一種同理性的理解；但是這卻不是一項作者（文本）傳達讀者接受，單向的心理複製過程，讀者可以透過人物表，得知作者創作的心理意圖，從人物表與列傳的參照下，得知作者的價值取向，以及所論是否允當，在人物表之下，作者與傳主同時並存，展現在大眾的評斷之前，史家藉以取信於讀者，因此章學誠一再強調，人表在方志之中的重要性：

> 專門名家之史，非人表不足以明其獨斷別裁；集眾所長之史，非人表不足以杜其參差同異；強分抑配之史，非人表不足以制其蕪濫猥茶〔註63〕。

章學誠主張方志起源於周官大史、小史，並且主張以紀傳體例配合文徵及掌

〔註60〕〈亳州志人物表例議中〉，大梁本，頁808。
〔註61〕〈亳州志人物表例議下〉，大梁本，頁804。
〔註62〕早在乾隆三十七年，章學誠幫助他的老師朱筠纂修《順天府志》時，即受到他的老師影響，一再強調生人不立傳。
〔註63〕〈亳州志人物表例議中〉，大梁本，頁805。

故來修志。但是幾乎大多數的清代學者皆主張方志起源於圖經；而且這項說法似乎違背了方志起源於圖經的發展的脈絡，因此使得章學誠的主張，看起來像是不願溺於流俗的一項個人見解。章學誠並不認為方志源於圖經，將方志的性質與源流上溯到一個更古老的傳統——官禮，或者說將方志從圖經、類纂的編纂方式與概念，重新帶回到中國史學的大傳統裡，方志與紀傳體同樣是紹法《春秋》，具有「綱紀天人」、「推明大道」的功用。方志是國史的具體而微，不但「國史、方志、皆《春秋》之流別」〔註64〕，並且將國史與方志，材料與撰述之間的關係，等同於「《春秋》之資藉於百國寶書」〔註65〕。

〔註64〕〈方志立三書議〉，大梁本，頁 574。

〔註65〕同前註。

第三章　章學誠與戴震、洪亮吉的辯論

　　乾隆三十八年，章學誠與戴震相遇於寧波道署，兩人不歡而散，隨後章學誠寫下〈記與戴東原論修志〉，記錄了兩人爭執的過程，這一段僅出現於章學誠單方面記錄的文字，對於戴震而言，或許僅僅只是訪友過程中一段偶發的插曲，不曾在其學術生涯中造成任何影響；但是對於章學誠而言，卻是對於他的學術生命所賴以寄託之處構成嚴重的挑戰，章氏早歲時寫道：「丈夫不為史官，亦當從名公巨卿執筆充書記而因得論列當世，以文章見用於時，如纂修志乘亦其中之一事也。」〔註1〕，可見章學誠是以方志作為其一生之職志，《文史通義》中的許多理論，亦是建築在實際的方志編修工作上展開〔註2〕。兩人相遇之時，戴震時年五十一歲，已是位學術名聲淹貫天下的學者，同時也是章學誠長期以來所景仰的對象，當他對《和州志》作出「此於體例則甚古雅，然修志不貴古雅」〔註3〕的評論時，章學誠內心所面臨的自我認同的危機可想而知。章學誠對於自己學術的高度認同與自負，可以從另一個事件看出，乾隆五十三年，章學誠拜訪洪亮吉，經洪亮吉出示《乾隆府廳州縣圖志》〔註4〕，章學誠指出洪書不當以布政使司分隸州縣；十年之後當章學誠看到洪亮吉發表的《卷施閣文甲集》中有〈與章進士學誠書〉一文，

〔註1〕〈答甄秀才論修志第一書〉，《章氏遺書》，嘉業堂本，（台北：漢聲出版社印行，民國62年），卷十五。

〔註2〕《文史通義》開始撰寫於章學誠與戴震相遇的前一年，也就是乾隆三十七年，見《年譜》，頁63。

〔註3〕〈記與戴東原修志〉，嘉業堂本，卷十四。

〔註4〕根據胡適之《章實齋先生年譜》所記，〈地志統部〉作於嘉慶二年，文中章學誠自言此事發生於十年前，而，〈洪亮吉年譜〉中記錄乾隆五十三年時，隨畢沅至武昌之時，章學誠亦隨後到達，兩人時常往還問學。且乾隆五十三年開修《史籍考》之時，章學誠曾與洪亮吉、孫星衍有書信往來，則此時期洪亮吉應與章氏交遊密切，故而以此推論，章學誠拜訪洪亮吉，應當發生在乾隆五十三年。

反駁他的論點，儘管事情已經過了十年，章學誠仍然立刻作出反擊，這不能不說是他對於自己的學術工作有高度的自信所做出的反應。本文擬針對戴震、洪亮吉與章學誠三者之間的辯論，分別探討雙方面對於方志體例的差異，以及嘗試勾勒出這種差異所分別代表的各自不同的學術主張與態度。

第一節　戴震的方志學

　　戴震（1723～1777）是清朝中葉的經學大師，《孟子字義疏證》和〈原善〉，是戴震在義理方面最具代表性的兩部著作，戴震治學長於名物考據、音韻訓詁，並且曾入四庫館負責校書，經他考據校正的書有：《周髀算經》、《孫子算經》、《大戴禮》、《儀禮集釋》、《聲類表》等，〈水地記〉以及校正《水經注》更是他考據功力之所在，編纂方志也是戴震學術生命中另外一個重點，戴震一生編纂過四部方志，下文根據段玉裁所編〈戴東原先生年譜〉所記，將戴震所編纂之方志列表如下：

表 3-1　戴震方志著作年表

年　　代	書　　名	修　纂　者	相　關　資　料
乾隆二十二年 三十五歲	《金山志》	應鹽運使盧雅雨之邀所修	已佚，未知篇數。
乾隆三十年 四十三歲	始校《水經注》		
乾隆三十三年 四十六歲	《直隸河渠書》	應直隸總督方恪敏之聘所修	共一百一十卷，未成，會恪敏薨，因接任者前大學士楊廷璋，未能禮敬先生，辭去。該書後為王屢泰掩為己有，刪削幾半，更名為《畿輔安瀾志》
乾隆三十四年 四十七歲	《汾州府志》	應汾州太守孫和相之聘	共三十四卷，段玉裁曾節抄該書例言、圖、表、沿革、星野、疆域、山川、古蹟付梓，以為修志楷式，則此部份應可確定為戴氏所作。作〈與曹給事書〉，論《元和志》得失。
乾隆三十五年 四十八歲	《壽陽縣志》	壽陽令龔導江撰	由戴震審定目錄，作〈記洞過水〉一文。
	《應州續志》	南豐吳君。（作者姓名不詳）	由戴震審定目錄，作〈應州續志序〉
乾隆三十六年 四十九歲	《汾陽縣志》	應汾州太守孫和相之聘	共十四卷。例言亦應遵為戴氏所作
乾隆三十九年 五十二歲			是年《水經注》校成

　　戴震的方志大多非其親自所編，僅是由其裁定例目或刪定成稿，從《汾州府志》與《汾陽縣志》二書的〈例言〉中，可以看到戴震編纂方志的方式，一如他的治學取向，注重地理沿革的考證工作，戴震在《汾州府志》的〈例言〉中說到：

　　　志之首沿革也，有今必先有古，古曰州、曰國，國有分邑；其後爲郡縣，又其後設州以統郡，郡以統縣；而隋唐間，州與郡無別，惟稱名互改而已，明以來則曰府、曰州、曰縣，其間分合移徙，隨時不同。……而沿革不明不可以道古〔註5〕。

越一年後所修的《汾陽縣志》中，戴震再度重申這個觀點：

　　　志首沿革，以星野附之，何也，沿革不明，則志中述古，未能有免於謬悠者，故考沿革爲撰志首事，今分列綱目，以綱爲斷，目爲按，令閱者因綱檢目，因目證綱，其正史及《水經注》、《元和志》等書，有涉譌舛，逐條爲辨正之〔註6〕。

戴震編纂方志特別強調考證地理沿革，在敘述之前首先應當「辨方定位」，先確定地理環境以及古今沿革，那麼所敘述的事物才不至於發生錯誤。戴震用考據的方法來修纂方志，並且以考據沿革是否詳密來評論方志，在他的文集中，無論是與人討論方志體例，或者是爲人作序，皆是從考據地理沿革的角度出發。就方志體例而言，戴震說道他的方志體例是「以綱爲斷，目爲按」〔註7〕，要使讀者「因綱檢目，因目證綱」，從《汾州府志》與《汾陽縣志》兩部方志比較下，可以發現戴震的「綱」其實是以事類爲「綱」〔註8〕，《汾州府志》裡戴震只是依照卷次分列各種事項，到了修纂《汾陽縣志》時，戴震做了一些修改，將一些性質類似的事項，歸類在某一個事項之下，但是還是一個按照事類分項，依照卷次的排列方式。

第二節　章學誠與戴震之間的辯論

　　林天蔚先生在其著作中引用黃德馨先生的研究，指出章學誠與戴震的辯論在

〔註5〕戴震，《汾州府志》，例言；乾隆三十六年刻本（1771）。

〔註6〕戴震，《汾陽縣志》，例言；乾隆三十七年刻本（1772）。

〔註7〕《說文解字》中訓「按」爲「下」也。

〔註8〕「綱」、「目」二字，分別表示「大綱」與「細目」。「綱目」二字聯用，最早出現於唐代李延壽《南史》〈鍾嶸傳〉之中說道：「時齊明帝，躬親細物，綱目亦密」。以「綱目」作爲一種書寫體裁的名稱，最早也是最有名的是南宋朱熹的《通鑑綱目》；但是戴震的「綱目」僅僅只是將事類歸於某一個項之下，與朱子的「綱目」在意旨上並不相符。

乾隆三十八年，而章學誠則是在乾隆五十五年追記此事，因此章學誠的追記未必
正確，並且戴震主張「重沿革」、「志莫難於辨沿革」，與章學誠所說「但悉心於地
理沿革則志事已竟」，在語意上有相當大的出入；此外，戴震主張「生不立傳」、「詳
善略惡」，以及「人物必大節卓然，義行必爲善行足風」等，與章學誠的〈修志十
議〉亦頗有相同之處〔註9〕。的確，從戴震的方志〈例言〉與章學誠〈修志十議〉
的對讀下，可以看到清代方志在編纂上的共同傾向；例如兩人都主張記錄婦女時
不以貞德爲限，將〈烈女傳〉改爲〈列女傳〉。透過章學誠的描述與戴震的〈例言〉
對照，可以檢驗章學誠在語意上是否可能誤解了戴震的意思，因此章、戴二人各
自的主張，是否具有根本上的差距，就成爲一個值得分析的問題，爲分析方便，
下文將戴震所裁定之例目列出：

乾隆三十六年《汾州府志》

　　卷首：例言、圖、表

　　卷一：沿革

　　卷二：星野、疆域

　　卷三、四：山川

　　卷五：城池、官署、倉廒、學校、壇壝

　　卷六：關隘、營汛、驛舖

　　卷七：戶口、田賦、鹽稅

　　卷八、九：職官

　　卷十、十一：宦績

　　卷十二：食封、流寓

　　卷十三至十六：人物

　　卷十七：義行

　　卷十八、十九：科目

　　卷二十：仕實

　　卷二十一、二十二：列女

　　卷二十三：古蹟、塚墓

　　卷二十四：祠廟

　　卷二十五：事考

　　卷二十六：雜識

〔註9〕請參看林天蔚，《方志學與地方史研究》（台北：南天書局出版，民國84年），頁102。

卷二十七：藝文

乾隆三十七年《汾陽縣志》

首卷：例言、圖、表

卷一：沿革、疆域（附村市、戶口、風俗）

卷二：山川（附渠堰、津梁）、城池（附關隘、營汛、堡寨）、官署（附倉庫、
　　　驛舖、道路）

卷三：賦稅、學校（附坊表）

卷四：名宦

卷五：職官、食封、流寓

卷六：人物、孝義

卷七：科目

卷八：文苑、仕實、列女

卷九：古蹟（附塚墓）、壇廟（附寺觀、仙釋）

卷十：事考、雜識（附物產）

卷十一至十四：藝文

　　雙方爭論的重點在於方志在體例上應當以孰爲重，並且由體例上的爭端牽衍
出方志性質的爭議。從體例上來看戴震主張纂修方志應當以地理沿革爲主，先辨
別疆域沿革而後再敘述地理山川及於人物，換句話說應當先注重「辨方定位」，因
此戴震也非常注意輿圖的製作，《汾州府志》與《汾陽縣志》都非常強調輿圖的重
要性，《汾州府志》中說道：

> 地圖及沿革表，志中開卷第一事也，作圖者少加意精覈，檢視其圖，
> 方嚮遠彌茫然不辨，名爲有圖，不但如無圖而已，且適以滋惑，今列圖
> 十有二，而府境及八州縣山川圖，先布方格，然後按山脈之條貫，水流
> 之委曲，據府州縣治之方嚮里數，不使或爽〔註10〕。

　　戴震主張輿圖的製作先畫上方格，然後將山脈、河流，依照方向遠近作圖，
辨別方位疆域之所在。中國雖然甚早即有開方計里的繪圖方法，但是不僅度量方
式未曾劃一，使用也並未廣泛，許多方志在繪圖上十分草率〔註11〕。章學誠也同

〔註10〕 「爽」字，《說文解字》訓「明」，段玉裁注爲：「明之至而差生焉，引申訓差」，戴
　　　　震此字之用法，應與段玉裁相同。

〔註11〕 近代經緯度的繪圖法，起於明代末年，由西方傳教士輸入，清代《皇輿全圖》是清
　　　　康熙四十七年（1708）由西方傳教士經過十年的測繪，於康熙五十七年（1781）

樣非常重視輿圖的功用：

> 開方計里，推表山川，輿圖之體例也。圖不詳而繫之以説，説不顯
> 而實之以圖，互著之義也。文省而事無所晦，形著而言有所歸，述作之
> 則也〔註12〕。

章學誠認為既然方志中有沿革考一項，那麼也就有必要作沿革圖，使古今地理沿
革變遷能夠一目了然，在編纂《湖北通志》時，章學誠使用朱墨兩色，分別標出
古今疆域的界線：

> 沿革建置，既詳於府縣考矣，古人圖書并重，則具沿革考者，必兼
> 沿革之圖，古界今名，披文而得其原委，觀畫而洞其形勢，二者缺一不
> 可，今取兩漢以訖元明，每朝所分州郡，在今湖北境者，分別朱墨兩色，
> 朱標古界，墨畫今疆，每朝各繪一圖，俾考歷沿革者，洞如觀火，……
> 圖經之設不為華美虛文，而考地理者無遺憾矣〔註13〕。

然而章學誠與戴震不同，雖然同樣是強調輿圖的重要性，但是章學誠的出發
立場，卻是由史學著述的傳統裡，來確定輿圖在方志中的地位，章學誠說道：

> 史部要義，本紀為經，而諸體為緯，有文辭者，曰書、曰傳，無文
> 辭者，曰表、曰圖。虛實相資，詳略互見，庶幾可以無遺憾矣。……夫
> 列傳之需表而整齊，猶書志之待圖而明顯也〔註14〕。

章學誠主張輿圖必需與文章敘述相輔而成，圖與表都是為了要補救旁行斜上
的紀傳體，使之能夠在敘事以及記錄上更為完備；輿圖作為一種表述的手段而言，
可以輔助文字的敘述，讓事實能夠更為具體的呈現，同時輿圖也因為有了文字的
敘述，而得到更為深入的描述。雙方都各自從不同的立場出發，但是卻得到相同
的結果，那麼章學誠與戴震兩人的主張究竟有何異同呢？下文為分析方便亦將章
學誠的方志體例列出：

章學誠《湖北通志》分為志、掌故、文徵、叢談四大部分。

一、「通志」七十四篇：

    紀二：皇言紀、皇朝編年（附前代）

    表五：職官、封建、選舉、族望、人物

完成。

〔註12〕〈和州志輿地圖序例〉，《文史通義新編》，倉修良編，（上海，上海古籍出版社，1993），
頁763。

〔註13〕〈通志凡例〉，嘉業堂本，卷二十四。

〔註14〕〈輿地圖第一〉，《永清縣志》（台北：學生書局，民國57年），頁219。

圖三：方輿、沿革、水道

考六：府縣、輿地、食貨、水利、藝文、金石

政略四：經濟、循績、悍禦、師儒

※傳五十三：（目多不載，參看《遺書》卷二十四）

二、「掌故」六十六篇：

吏科分四目：官司員額，官司職掌，員缺繁簡，吏典事宜

戶科分十九目：賦役、倉、漕運、雜稅、牙行等

禮科分十三目：祀典、儀注、科場條例等

兵科分十二目：將備員額，各營兵丁技藝額數，武弁例馬等

刑科分六目：里甲，編甲圖，囚糧衣食，三流道里表等

工科分十二目：城工、塘汛、江防，銅鐵礦場，硝礦，工料價值表等

三、「文徵」八集：

甲集（上、下）錄正史列傳

乙集（上、下）錄經濟策劃

丙集（上、下）合詞章詩賦

丁集（上、下）錄近人詩詞

四、「叢談」四卷：（1）考據，（2）軼事，（3）瑣語（4）異聞。

　　章學誠方志體例的特色在於掌故的設立，戴震批評章學誠「侈言文獻，豈所謂急務哉？」應該指的就是這一項，然而這一項設計是否與戴震的主張，有決然不可相通的衝突呢？就戴震所說的「沿革苟誤，是通部之書皆誤矣」而言，考沿革與重文獻之間，並不必然會產生牴觸，若是沒有文獻的保存，那麼考據將失去依憑的根據，考沿革必需建立在重文獻的基礎上，考據才能有具體的內容，所以章學誠說道：

　　　　考沿革者，取之載籍。載籍具在，人人得而考之；雖我今日有失，
　　後人猶得而更正也。若大一方文獻，及時不與搜羅，編次不得其法，去
　　取或失其宜，則他日將有放失難稽，湮沒無聞者矣〔註15〕。

　　然而，戴震雖然強調沿革的重要性，卻也並非如章學誠所說的「但悉心於地理沿革，則志事已竟。」那麼雙方真正的衝突點在什麼地方呢？前面已將戴震與

〔註15〕〈記與戴東原論修志〉，《文史通義》，大梁本，葉瑛校注，（台北：里仁書局出版，民國 73 年），頁 869。

章學誠所編之方志例目列出，讀者應該可以察覺到，《汾州府志》的體例，僅是將事類按照卷次排列，而章學誠的方志體例則是轉變自紀傳體裁，雖然戴震在纂修《汾陽縣志》之時，在體例上稍有更動，但還是依照事類而分的編纂方式，所以當戴震將《汾州府志》出示與章學誠之時，章學誠不僅批評戴震不當將名僧附於古蹟之中，並且指出人物列傳，不應該以地理類纂的方式編纂：

> 人物倣史例也，史於奸臣叛賊，猶與忠良並列於傳，不聞不以爲人，而附於地理志也〔註16〕。

　　章學誠方志體例的特色除了掌故之外，列傳與人表也是章學誠方志的重點，章學誠認爲方志之中既然有記錄人物的列傳，那麼就應當依照史學體裁來編纂：

> 記傳敍述之人，皆出史學。史學不講，而記傳敍述之文，全無法度。以至方志家言，習而不察，不惟文不雅馴，抑亦有害事理〔註17〕。

人物不當倣地理類纂，是章學誠特別強調的重點，也是章學誠主張「志爲史裁」的另一項重要依據。章學誠批評將人物依照事類按卷次分列的方式，是倣自《一統志》的類纂編輯方式，章學誠說道：

> 近代志家，以人物爲綱，而名宦、鄉賢、流寓諸條，標分爲目，其例蓋創於元明之《一統志》。而部府州縣之國別爲書，亦用統志類纂之方法，可謂失其體矣。夫人物不當類纂，義例詳於列傳首篇；名宦之不當收於人物，則未達乎著述體裁，而因昧於權衡義理者也〔註18〕。

章學誠反對以類纂的方式來編纂人物，他認爲列傳之所以設立題目，例如儒林、循吏等標題，是「事重於人」不得不然的做法，既然是以「事」來約取「人」，那麼這中間也必然牽涉到作者的主觀價值，與「議而不斷」的著作原則相牴觸，因此章學誠主張列傳除了詳述傳主生平事蹟之外，也應當記錄傳主的言論，採取「史文互見」、「互爲詳略」〔註19〕，使傳主的事蹟與言論能夠完整的呈現。章學誠認爲以類纂的方式來編輯人物，將傳主的文集或者狀誌傳銘，收錄於藝文之下，再增加子注說明詳見某卷的做法，使得觀覽者在閱讀之時有如「窺點鬼之簿」，而藝文之中所收入的文章，往往是經過作者的刪節，不僅查找不易而且缺乏證據〔註20〕。

〔註16〕同前註，頁781。
〔註17〕〈與石首王明府論志例〉，大梁本，頁861。
〔註18〕〈永清縣志政略序例〉，大梁本，頁754。
〔註19〕〈龍敏列傳第一〉，《永清縣志》（台北：學生書局，民國57年），頁591。
〔註20〕同前註。

第三節　洪亮吉與章學誠

　　洪亮吉（1746～1809），字君直，一字稚存，號北江，晚號更生，是清代另一個方志編纂名家。相較於章學誠，洪亮吉的著述事業，就數量上而言，可以說是有過之而無不及；洪氏一生著述頗富，在訓詁方面的著作有《春秋左傳詁》、《毛詩天文考》、《六書轉注錄》等；在音韻學與經學方面，洪亮吉亦有下少著作，例如《宋書音義》、《傳經表》等。屬於歷史地理學的專著有《補三國疆域》、《東晉疆域誌》、《十六國疆域誌》等，另外還有不少的短文雜記收錄於《卷施閣文集》、《更生齋文府志》、《曉讀書齋雜錄》以及《北江詩話》中。由他所纂修的方志與總志，計有《乾隆府廳州縣圖志》、《長武縣志》、《淳化縣志》、《澄成縣志》（與孫星衍合撰）、《固始縣志》、《登封縣志》、《懷慶府志》、《涇縣志》、《寧國府志》、《延安府志》十種之多，另外《卷施閣文甲集》中有〈新修鎮遠府志序〉一文，則該志之例目似乎亦是由其所裁定。其中《乾隆府廳州縣圖志》，梁啓超認為是刪節乾隆《一統志》，為了便於翻覽而已〔註21〕，近代研究洪亮吉的學者嚴明，提出不一樣的看法，指出此書雖然在光緒二十八年，由山左輿圖局再版時，改名為《大清一統志輯要》，但是洪氏並非只是單純的刪節，洪氏獨到之處在於詳述各省之前先立概論，其次洪書特別重視各省水道淵源，立有「眾水歸合表」，標明一省之內主要的湖泊、河流的流向所歸，於各縣治下又特意標明主要河流的古今沿革，這些皆是《大清一統志》所無〔註22〕。

　　然而這部書也造成洪亮吉與章學誠之間的爭議，細審雙方面各自的論據，其實兩方面所考慮的問題各有不同的側重點。洪亮吉主張沿用布政使司分隸州縣的理由是，巡撫雖然自明朝成化以後例有定員，並且掌握地方關防的實際權柄，但是這個官職卻是由皇帝欽命，不一定是掌握正印的地方行政首長。再者，當時《皇輿圖》、《一統志》等官書皆以布政使司分隸州縣，如果擅加更改會造成體例上的紊亂，而且總督巡撫並無固定的制度，有些地方有總督而無巡撫，有些則巡撫而無總督，甚至巡撫轄一個或兩個布政司，轄區大小並沒有一定的劃分，若是一一分別解釋，將會不勝其擾。

　　就章學誠而言，〈地志統部〉中列舉十條反駁洪亮吉的理由，章學誠的意見主要在於認為史書記錄應當忠實反映實際的情況，「書以乾隆為名，則循名責實，必

〔註21〕梁啓超，《中國近三百年學術史》（台北：台灣中華書局印行，民國76年），頁319。
〔註22〕嚴明，《洪亮吉評傳》（台北：文津出版社印行，民國82年），頁125。

當以巡撫爲主而稱部院，不當更稱布政使司矣」〔註23〕。當時巡撫雖不盡然皆頭頂京官品銜，但是封疆各省的巡撫實際職權已超越布政使，而且在制度上有不隸屬於總督的府州縣，府州縣卻必定隸屬於巡撫，在行政程序上布政使有時反而是巡撫的下屬。章學誠之所以標舉部院，主張史書的記錄必需符合現實，反對拘泥於一定格式而使記錄失實，而洪亮吉則偏重於史書體例的整齊劃一。

在方志編纂上，洪亮吉一如戴震，主張方志首重地理沿革，他在《涇縣志序》中說道：「撰方志之法，貴因不貴創，信載籍而不信傳聞，博考旁稽，義歸一是，庶乎可繼踵前修，不誣來者矣。」〔註24〕，「貴因」與「信載籍」是洪亮吉修志的二大原則，他與孫星衍合撰的《澄城縣志》幾乎就是這兩項原則的代表作，《澄城縣志》每標一事必旁徵博引詳述沿革〔註25〕，這與他注重沿革不無關係；另外，洪亮吉修志強調「貴因不貴創」，在體例上因襲漢唐古式爲準，近人瞿宣穎與倉修良先生即批評《登封縣志》在體例上刻意模仿古人，以致於造成今古不分〔註26〕，從這個角度來看，洪亮吉編纂《乾隆府廳州縣圖志》因襲《一統志》例，以布政使司分隸州縣，與他「貴因不貴創」的方志主張不無關係。考證方法在史學研究工作上，有相當程度的貢獻，藉由考據沿流我們能夠更確定過去的事實，但是若過度強調，也容易產生重古輕今的弊病。

第四節　歷史與地理的爭端

從章學誠與戴震二人對於方志體例的爭端來看，清代方志確實存在著地理與

〔註23〕〈地志統部〉，《章氏遺書》，嘉業堂本，卷十四。

〔註24〕洪亮吉，《涇縣志》（台北：成文出版社有限公司印行，民國62年）。

〔註25〕洪亮吉、孫星衍同撰《澄城縣志》，乾隆四十九年刊本（1784）。

〔註26〕洪亮吉，《登封縣志》，乾隆五十二年刊本（1787）。目錄：「一、皇德記。二、輿圖記。三、土地記。四、山川記。五、大事記。六、道里記。七、風土記。八、壇廟記。九、伽藍記。十、冢墓記。十一、職官表。十二、選舉表。十三、戶口簿。十四、會計簿。十五、學校志。十六、衙署志。十七、名勝志。十八、物產志。十九、循吏傳。二十、先賢傳。二十一、列士傳。二十二、列女傳。二十三、逸人傳。二十四、高僧傳。二十五、麗藻錄。二十六、金石錄。二十七、雜錄。二十八、序錄」。在，〈敘錄〉中，洪亮吉一一述說每一個門目仿自某書，瞿宣穎批評道：「其敘錄每門系以韻語，且必云仿某代某書而定名。曰〈皇德記〉，則仿侯瑾〈漢皇德記〉也。曰〈土地記〉，則仿晉朱育〈會稽土地記〉也。曰〈山川記〉，則仿齊劉澄〈宋初山川古今記〉也。曰〈大事紀〉，則仿漢司馬遷等大事紀也。……」。請參看，瞿宣穎，《方志考稿甲集》（上海：上海書店，1990），頁79～85。以及倉修良，《方志學通論》（濟南：齊魯書社，1990），頁384。

歷史的爭端，戴震的方志注重考證地理沿革，而章學誠的方志著重於文獻的保存。從體例上來看，戴震編纂方志依照事類按卷次編目的方法，其實自宋代以來大部分的方志皆是採取這種依照事類而分的方式來編纂；並且元、明以來方志的修纂，往往是因為朝廷編纂《一統志》的需要，由中央頒佈格式命令地方奉行，從這個角度來看，戴震仿照《一統志》的體例來編纂方志並沒有錯誤。章學誠當然非常清楚的了解方志發展的歷史現實，但是他卻是從「國史取裁」的角度來定義方志，章學誠說道：

> 自獲麟絕筆以來，史官不知百國寶書之義。州郡掌故，名曰圖經；歷史即久，圖亡而經孤其書，歲成孤落矣。樂史《寰宇記》，襲用《元和志》體，而名勝古蹟，略存於點綴。其後元明《一統志》，遂以人物、列女、名宦、流寓諸目，與山川、塚墓、分類相次焉。此則地理專門，略具類纂之意，以供詞章家之應時取給爾，初不以是為重輕者也。州縣之志，本具一國史裁，而撰述者轉用一統類纂之標目，豈約博收以備國史之約取乎〔註27〕？

章學誠認為圖經源自於掌故，後世方志誤倣《一統志》例，這項說法是否能夠成立呢？圖經在當時並不是純粹為了記錄或者考證地理山川而作，而是有著政治統治的實際目的與功用〔註28〕，因此在性質上圖經也是屬於官禮執掌的政教典章之一。就作為一種編纂體裁而言，《一統志》按照事類依卷次排列的方式，記錄的內容擴及於人物、名宦、流寓、列女等項目，在性質上已並非單純的地理書，反而在體例上更接近百科全書式的類纂，對於章學誠而言只是一堆散漫的資料，方志當然也是屬於資料纂輯的一種體裁，但是卻必需經由史家的裁成約取，使之符合史家法度，並非只是將資料整齊排比而已，章學誠說道：

> 史家約取掌故，以為學者之要刪，其與專門成書，不可一律求詳，亦其勢也。即不求詳，而又無綱紀以統之，則是散漫而無法也。以散漫無法之文，而欲部次一代之典章，宜乎難矣〔註29〕。

戴震與章學誠在方志體例上的差異，由於兩人的立場與角度不同，使得彼此的意見南轅北轍，這當然不是一個對或錯的問題，而且雙方之間也仍然有許多相似的地方。日本學者森正夫研究十六世紀至十七世紀前半，這段期間所編纂的地

〔註27〕〈永清縣志列傳序例〉，大梁本，頁 760。
〔註28〕讀者應當不會反對，李吉甫纂修《元和郡縣志》的目地，與當時藩鎮割據的時代背景，有密切的關係。
〔註29〕同前註。

方志中，風俗這一項展現出方志編纂者，在面對社會劇烈變動時所表現出來的危機意識，開始於中國南方波及到北方最後及於全國的地方志〔註 30〕。同樣的，透過章學誠與戴震二者的對讀，我們可以看到清代方志的共同傾向，例如前面第二節所舉出，戴震與章學誠都主張將烈女改爲〈列女傳〉，不再是以女子守貞作爲寫入方志中的唯一衡量標準。並且章學誠與戴震二人在編纂方志上，都各自有一種存眞核實的嚴謹態度；戴震存眞核實的態度，可以從他對〈星野〉這一項的主張看出，方志自宋明以來，大都列有〈星野〉這一項，起於《周禮・保章氏》，以爲天文景象與地理方位是相符應的，但是歷世既久各家說法不一，並且許多方志中經常摻雜一些神仙釋家或者鄉野傳說，戴震主張嚴格考證其異同並且去除掉不足採信的部分：

> 至星野之說，起於《周官・保章氏》，以星土辨九州之地，如《左氏春秋》、《國語》所記列國分野甚詳，鄭康成云：「星土，星所主土也」，其書亡矣。堪輿雖有郡國所入度，非古數也。」自《漢書》以下，史志往往及之，大抵因春秋戰國時，各國疆域輾轉附會，皆康成氏所謂非古數者耳。省志、府志其地廣闊，足配古州國，宜博採古書之異同致辨，若縣志則合數十縣，同地共占，無庸衍贅。其說志家圖繪星象，錄〈步天歌〉，尤屬習仍之陋，今於沿革後，附見梗概，正其附會之非〔註31〕。

必需注意的是，戴震亦長於天文星曆，他在四庫館所負責校勘的書，如《周髀算經》、《孫子算經》等，以及他的著作《原象》、《曆問》、《古曆考》（天文略）皆屬於這一類，戴震嚴格考辨天文異同，與他的學問淵博治學嚴謹有關；而章學誠核實的態度則表現在以史學的觀點，來建立其方志理論，在某些程度上也復活了正史體裁的編纂精神。

這兩位學者都將他們的思想落實在方志編纂上，方志體例上的差異，表現出雙方不同的治學態度與史學主張，戴震以考據方法來修纂方志，而章學誠則倣紀傳體的體例來修方志，各自從嚴考據與重文獻，來達到存眞求實的目的；在這方面來說，確實有如余英時教授所說的，章、戴二人分別代表著清代學者「儒家智識主義」（Confucian Intellectualism）的興起〔註32〕，但是在「狐狸」與「刺蝟」

〔註30〕森正夫，〈明末における秩序變動再考〉，《中國一社會と文化》（東京：中國社會文化學會，平成七年（1995），頁 3〜27。
〔註31〕戴震，《汾陽縣志》，例言，〈步天歌〉相傳爲唐代丹元子王希明所作，共一卷二十八首歌，其體裁類似於寓言之類。
〔註32〕請參看余英時《論戴震與章學誠》（台北：華世出版社印行，民國 69 年）。

的分別下〔註33〕，我們是不是還可以尋找出其他的方式，來理解章學誠與戴震二人在認識方法上的差異呢？Benjamin A. Elman 指出清代考據學者對於材料分析的方法，在十八世紀之時形成一種知識的分類，表現在漢學家們編修《四庫全書》之時採用四部分類法則〔註34〕，對於中國歷來的典籍做一種知識上的重新整理；同樣的，章學誠與戴震二人對於方志體例的主張，也是一種分別透過考據沿革與仿照紀傳體裁，來對地方志的記錄作出知識上的分類；因此，所謂地理與歷史的爭端，所代表的是兩種不同的知識類型，一個是依照事類按卷次而分的類纂方式，重視地理沿革的考據工作，另一個則是傳統史學的延伸，重視掌故、人物列傳的紀傳體裁。

〔註33〕 Isaiah Berlin 用「狐狸」與「刺蝟」，來區別從事思想史與文學史研究的兩種類型，余英時先生在他的文章中，借用這個說法來區別章學誠與戴震二人不同的論學取向，以「狐狸」從事多方面追逐的生物本性，來描述戴震的博學，而以「刺蝟」喜歡將所有東西都串在一起，來描述章學誠的思想前後一貫而明確。見余英時，《論戴震與章學誠》，頁 70。

〔註34〕 Benjamin A. Elman, From Philosophy to Phiology, Cambridge, Havard University Press, 1984.p163～168 相較於明代所編纂的《永樂大典》，將事類、圖書統之以韻，清代《四庫全書》採用四部分類法則，則代表不一樣的知識分類，雖然清代有許多私人藏書家，從事個人的編目工作，但大體上仍然遵守著四部分類的法則。

第四章 地方志知識的成立與性質

　　地方志在知識的類型上究竟應該屬於何者，是長久以來從事方志學研究的學者所面臨的最大難題，章學誠與戴震二人在方志體例上的爭端，其實也是各自從「志首沿革」與「國史取裁」的角度出發，對於方志記錄作出一種知識上的分類；因此，所謂歷史與地理的爭端也就具有知識論、方法論的意義。無論是重考據沿革或者是強調「志爲史裁」，同樣都屬於傳統史學範疇中重要的組成份子，但是究竟這兩種研究方式，具有何種知識上的意義？是一個值得探討的問題。從事方志學研究的學者常以「歷史派」與「地理派」，來區分章學誠與戴震兩種不同的方志主張，在某些程度上歷史可以被理解爲一種時間性的表示，而地理則具有表示空間性的暗示意味，雖然這樣的分別並不是很恰當，但應該還是一種可以被接受的方式，下文將以時間性與空間性爲題目，分別討論章學誠與戴震不同的主張對於方志知識成立的意義。

第一節 方志與時間

　　注重時間紀年是傳統中國史學的一大特點，中國長時間不曾間斷的時間紀年，也是與西方史學以事件爲中心的記錄絕人不同的地方，錢穆先生即曾指出:「中國歷史正因爲是按年記錄的，所以易於使人了解歷史是一個整體，期間更無間歇與中斷」〔註1〕。歷史的主體除了時間之外還有事件與人，作爲一種記錄的體裁而言，必需能夠完整的表達這三者之間的關係，從劉知幾以來到章學誠，莫不是討

〔註1〕錢穆，〈中國史學的特點〉收入於《中國史學史論文選集》，第二冊，（台北：華世出版社，民國62年），頁1103。

論書寫如何表現時間與事件，而「事」的活動主體正是人；章學誠在〈書教〉篇中強調「紀傳實爲三代以後之良法」，正是因爲紀傳體既能夠承繼《春秋》以來的編年傳統，同時也可以擴大史學記錄的範圍〔註2〕。

　　如前面第二章所敘述，紀傳體的體裁是以時間編年的「紀」爲軸線，使敘事的「傳」能夠以時間編年爲中心展開，完整的表達時間與「事」的關係，章學誠主張方志體例「倣紀傳正史之體而作」，主要原因正是在於紀傳體「年經事緯」的體例，在記錄與敘事上有其優越性，方志同樣作爲一種記錄的體裁，並且是「國史要刪」，也就必需要完整的表達時間、人與「事」三者之間的聯繫關係。前一章曾經引用過章學誠在《永清縣志》中說的一段話：

　　　　史部要義，本紀爲經，而諸體爲緯。有文辭者曰書、曰傳、無文辭
　　者曰表、曰圖、虛實相資，詳略互見，庶幾可以無遺憾矣〔註3〕。

紀傳體「本紀爲經，而諸體爲緯」的體例，「事」其實是以縱貫性的時間來聯繫，章學誠說道：「史以紀事爲主，紀以編年爲主」〔註4〕，歷史的組成是時間與「事」

〔註2〕前面第二章曾指出，傳統中國「史」字的意涵，存在著多樣性的複雜意義，島田虔次先生在其〈六經皆史〉一文中，舉出在中國的學術傳統中，很少出現「歷」與「史」兩個字連用的情形，將「歷史」兩個字連用，並且與西方「history」作對等翻譯，在中國是很晚近才開始的事，並且很可能是由日本引入；島田虔次將中國的「史」字與黑格爾《歷史哲學》中對於「history」的解釋做比較分析，他引用黑格爾解釋西方學術中「歷史」（Geschichte）一詞，兼指「發生的事情」本身與「發生的事情的歷史」，比較出中國「史」字的獨特性在於第三種意思就是史官、記錄者的「史」，並且他認爲「在中國，前述『史』字的第一、第二種意思，實際上正是從這第三種意思派生出來的。同時包含這三種（客觀的、主觀的、主體的）意思」。同時島田虔次先生由與黑格爾的對位比較下，指出章學誠的史學性格是一種「義與事的合一」，這一點宋家復在其碩士論文〈章學誠的歷史構想與比較研究〉一文中，系統地分析島田教授立論的疏失，然而無論島田教授或者宋家復先生似乎都忽略了在黑格爾的「精神史觀」中，「時間」是一項否定因素與傳統中國正史的編年方式不同，歷史的意義是一種體現在「事件」中，主觀與客觀的對立與同一性，最後消融在「精神」中，正因爲歷史的記錄是以「事件」爲中心，所以才有主觀／客觀的問題。中國歷史記錄的時間性，恐怕是黑格爾及島田虔次、宋家復所討論的另一個例外，我之所以不厭其煩的敘述島田教授以及宋家復先生的失誤，主要是在說明任何想要在東西方不同文明中，尋找出可能存在著某種同一性的企圖，可能需要先從理解雙方的差異性出發，才能避免誤解的產生。見島田虔次〈六經皆史說〉，收入於《日本學者研究中國史論著選譯》第七卷，（北京，中華書局出版，1993），頁186。

〔註3〕〈永清縣志乘地圖序例〉，《文史通義》，大梁本，葉瑛校注，（台北：里仁書局，民國73年），頁731。

〔註4〕〈通志凡例〉，《章氏遺書》，嘉業堂本，（台北：漢聲出版社印行，民國62年），卷二十四。

的敘述兩種關係的組合，章學誠主張方志體例仿照紀傳體裁，「志者，史所取裁，史以記事，非編年弗爲綱也」〔註5〕，其實也就是以時間編年爲「綱」統合全書：

> 紀以編年爲名，例仿綱目，大書分注，俾觀覽者，先知古今，瞭如指掌〔註6〕。

《永清縣志》中「紀」分爲「皇言紀」與「恩澤紀」，「皇言紀」的內容主要是按年記錄一切由朝廷頒發至地方的詔告、獎勵以及地方官員的升遷等文書，而「恩澤紀」則是按年記錄朝廷一切關於地方的施政事項，例如開倉賑濟或者蠲免地丁錢糧等事物。〔註7〕，無論如何都是一種按照時間編年的地方大事記。方志中有「紀」，與紀傳正史中的本紀在性質上並不相同，紀傳正史中的本紀，主要在記錄帝王事蹟，而方志中的「紀」，除了記事之外，主要在表示一個自然的時間過程中，地方人事、制度的演變，章學誠說到：

> 至於方志撰紀，所以備外史之拾遺，存一方之祇奉，所謂循堂楹而測太陽之照，處牖隙而窺天光之通，期於愼輯詳志，無所取於《春秋》書事之例也。是以恭錄皇言，冠於首簡；與史家之例，互相經緯，不可執一例以相拘焉〔註8〕。

上面這段引文閱讀起來的確使人感受到強烈的「封建思想」，但卻也是最值得玩味的地方，什麼是「循堂楹而測太陽之照，處牖隙而窺天光之通」呢？章學誠使用了文字上的隱喻（metaphor），中國字「光」字的使用可表示「光陰似箭」、「觀國之光」或者《易經》上說的「大明終始」的「明」，具有時間紀年的暗示性意味；但是在孔子的《春秋》裡，紀年繫月不僅僅只是一個客觀的時間記錄，同時也蘊含著史家褒貶意旨，所以章學誠接著說道：「期於愼輯詳志，無所取於《春秋》書事之例也」，來表明只是以時間紀年作爲全書綱領，在時間紀年的序列下，使記錄與敘事能夠更爲完備，因此章學誠批評以地理類纂所編輯的方志，在體例上散漫而無章法：

〔註5〕同前註。

〔註6〕〈爲畢制府撰湖北通志序〉，嘉業堂本，卷二十四。

〔註7〕在撰寫《湖北通志》時，章學誠僅列了「皇言紀」一項，但加上了「皇朝編年」。對於這個改變的一個可能性解釋是，章學誠在編纂《永清縣志》時，〈書教〉篇尚未完成，所以這時他暫時的接受左史、右史，分屬記言、記事的說法，因此分爲「皇言紀」與「恩澤紀」，但是到了撰寫《湖北通志》時，〈書教〉篇已經完成，章學誠的史學理論已經成熟，主張〈言即事〉、〈事即言〉的看法，所以僅有〈皇言紀〉，再加上了附前代的「皇朝編年」。

〔註8〕〈永清縣志皇言紀序例〉，大梁本，頁704。

　　而方州之志，則多惑於地理類書之例，不聞有所遵循；是則振
衣而不知挈領，詳目而不能舉綱，宜其散漫無章，而失國史要刪之
義矣〔註9〕。

第二節　方志與空間

　　戴震主張「志首沿革」、「沿革不明，則志中述古，未能有免於謬悠者」，並且
認為地圖與沿革表是「志中開卷第一事也」，也就是說在進行敘事之前，必需先確
定山川地理的方位以及古今地理沿革。戴震以考證的方式來編纂方志，並且要求
先確定地理方位，那就必然牽涉到一個實地調查、研究然後進行敘述的過程；民
國以來的學者，例如胡適之先生皆認為「中國舊有的學術，只有清代的『樸學』
確有『科學』的精神」〔註10〕，余英時先生甚至說道：「清代考證學，從思想史的
觀點說，尚有更深一層的涵義，即儒學由『尊德性』的層次轉入『道問學』的層
次。這一轉變，我們可以稱它做『儒家智識主義』（Confucian Intellectualism）的興
起」〔註11〕。然而，戴震編方志大多僅是裁定例目，實際工作則由他人完成，並
且關於戴震編纂方志的資料留下來的非常少，戴震本人也缺少像章學誠一般有系
統的研究方志理論。翻遍戴震文集，只能夠找到幾篇寥寥數語與人討論的書信，
並且內容上大多是關於山川地理的沿革考證，例如戴震在撰寫《汾州府志》時，
以《元和郡縣志》與《水經注》互校，考證出《元和郡縣志》中關於汾州的記錄
有六條失誤〔註12〕，以及為《應州續志》作序時，以多種地理書考證應州地理沿
革。這在我撰寫這篇論文之時，委實是一個內心極為艱苦的過程，使我開始懷疑
戴震編纂方志雖然注重地理沿革，卻如同梁啟超在《中國近三百年學術史》中，
評論清代地理學為「便於讀史為最終目的，而研究地理不過其一種工作，地理學
僅以歷史學附庸之資格而存在耳。」一樣〔註13〕，僅僅是將知性認知的活動侷限
在書本之中，在書本中求得知識，並未牽涉到客觀對象的實際調查，如果這項假
設成立的話，那麼本篇論文也就必需到此為止，沒有必要繼續發展下去了。

〔註 9〕同前註。
〔註10〕胡適，《問題與主義》（台北：遠流出版公司，民國83年），頁163。
〔註11〕余英時，《論戴震與章學誠》（台北：華世出版社印行，民國69年），頁17。
〔註12〕戴震，〈答曹給事書〉，《東原集》（台北：台灣中華書局印行，民國62年），卷六。
　　　　戴震考證出《元和郡縣志》最大的失誤，在於將子夏設教西河的石室誤為設在汾州。
〔註13〕梁啟超《中國近三百年學術史》（台北：台灣中華書局印行，民國76年），頁317。

當我正在為這個問題發愁，漫不經心的隨手翻閱戴震的弟子段玉裁所編的〈戴東原先生年譜〉，突然發現乾隆三十五年庚寅下有一條這樣的記錄：

> 是年有代壽陽令龔君（導江）記洞過水一篇，龔君方修《壽陽志》
> 請先生點竄，先生因為辨正晉、隋、唐史「壽」、「受」二字之譌亂，并
> 為審定目錄〔註14〕。

前一年的夏天（乾隆三十四年）戴震第四度落第後，應山西布政司朱文正的邀請，偕同段玉裁一同前往山西主講壽陽書院，並且應汾州太守孫和相的聘請纂修《汾州府志》，一直到乾隆三十七年戴震第六度入京會試落第才離開山西，前往主講浙東金華書院。戴震在山西總共將近四年的時間，編纂過四部方志，洞過水大致就在汾州與壽陽之間，因此戴震在竄點、審定《壽陽縣志》時，必然是在他往還汾州與壽陽之間〔註15〕，舟車勞頓之際瀏覽山川景色，對於地理山川有過實地的觀察。另外，戴震編纂過《水地記》共七冊，僅是草稿並未完成，該書主要是以水的源流來辨別山脈走向。在觀察方法上，戴震說道：「欲知山之脈絡，祇看水之去來，水無有不依山脈者也。」〔註16〕戴震並且親自動手製作地圖，段玉裁記錄乾隆三十一年丙戌，曾經見到戴震所製作的地圖：

> 丙戌見先生自畫地圖，白紙紅格，每格方減寸許，畫方計里，用晉
> 裴秀法，而里數之遠近，即可計北極之高下，凡直省府廳州縣方鄉，四
> 至八到，無少誤差〔註17〕。

戴震以考據方法從核實的角度出發來編纂方志，然而章學誠亦非不注重考證，並且章學誠對於輿圖的注重亦不下於戴震。如前面第一章所說，這並不僅只是編纂體例上的差異，所謂地理與歷史是一個認知方式的差異。知識的成立必需要形成一種知識上的歸類，雙方的目錄所反映的是一個不同的知識分類，也是一種不同的認知方式。戴震在方法上透過考證的方式，先確定過去的正確性，作為理解的前提。先確定地理沿革以及山川、河流、疆域的範圍，然後再按照事類分別記錄，因此在體例上表現出一種按照項目構成的知識系列，而章學誠則主張仿照紀傳體裁「年經事緯」之例，在時間的序列中呈現史家的敘述與記錄。

〔註14〕段玉裁編，〈戴東原先生年譜〉，《東原集》（台北：台灣中華書局印行，民國62年）。
〔註15〕〈記洞過水〉一文，是戴震因公事前往樂平縣，途中所經過的一條水系，戴震在遊歷全程後，證明《水經注》的記錄正確，而魏收《魏書》所記為非。
〔註16〕段玉裁編，〈戴東原先生年譜〉，《東原集》。
〔註17〕同前註。

第三節 「志者志也」：一個知識論的探討

　　無論《周禮》一書是否是出於漢人的偽作，而且我們也無法單純的經由《周禮》的記載，來推斷這些制度確實曾經在周代施行過，但是《周禮》所昭示的政治理想畢竟普遍影響了帝制中國的政治運作與士階層的心理。在許多地方志中，分別引用了《周禮》中的記載，例如「大史掌建邦之六典，以逆邦國之志」、「外史掌書外令，掌四方之志，掌三皇五帝之書」〔註18〕以及「土訓掌道地圖，以詔地事」、「誦訓掌道方志，以詔觀事」〔註19〕和「職方氏掌天下之圖，以掌天下之地，辨其邦國都鄙」等〔註20〕，因此有些學者分別將之歸納入「地理」與「歷史」這兩個概念範疇，認為這是方志起源於「歷史」或者「地理」的證明。其實從知識的角度來看，無論「志」在性質上，是屬於歷史或者地理，這兩個範疇所觀察對象都是屬於相同的客體，同樣是對於人群活動的世界所做的一種觀察。就「志」這個字的意義而言，鄭玄注為：「志，記也，謂若魯之《春秋》，晉之《乘》，楚之《檮杌》」。孔穎達釋曰：「……故謂《春秋》為《檮杌》。」來解釋「志」這個字，可見「志」這個字除了指書寫體例外亦有書寫記錄、記述的意義。就「志」這一個字的意義而言，在《說文解字》裡許慎以「志」與「意」二字互訓，清代學者段玉裁引用鄭玄與孔穎達對於《周禮‧保章氏》的解釋，提出古文無「識」這個字的用法，「志」（讀音與「識」同）與「識」在意義上等同於「知」，段玉裁並且引用孔穎達對於《詩經》「詩言志」的「志」解釋為疏解〔註21〕，解釋「志之所之也，在心為志」。在注解「意」這個字時他解釋「志即識，心所識也。意之訓為測度、為記」，換句話來說「志」也可以是指涉心智主體的認識過程。段玉裁將「志」解釋為「知」與「測度」頗有追求客觀認知精神的意義，並且是從認識主體出發的，因此「志」大致上可以有兩個意義，一種指的是書寫或者記錄，另外一種指的是認識論的意義〔註22〕。明、清時代的地方志中就有不少引用「志者志也」來描述方志的語句，例如清代《重修嘉定縣志》萬曆三十三年的序言說道：

〔註18〕《周禮‧春官宗伯第三》。
〔註19〕《周禮‧地官司徒第二》。
〔註20〕《周禮‧夏官司馬第四》。
〔註21〕《詩經》：「虞書曰：詩言志，歌永言，聲依永，律和聲，然則詩之道放於此乎」。孔穎達疏曰：「《春秋》說題辭云：在事為詩，未發為謀，恬澹為心，思慮為志，詩之為言，志也，持也。作者承君政之善惡，述己志而作詩，為詩所以持人之行，使不失隊」，《十三經注疏》（台北：藝文印書館印行，民國82年9月十二刷）。
〔註22〕傳統中國典籍中不乏類似的記載，例如《易‧繫傳》中的一段話：「仰以觀於天文，俯以察於地理」，仰觀、俯察是一種認識的方法論，其目的是要裁成天地之道。

夫志者，識也。文獻理道，所以識也〔註23〕。

段玉裁所負責編修的《富順縣志》嘉靖十八年的原序中說道：

夫志者記也，記山川文獻與政事之書也〔註24〕。

章學誠在其所纂修的《湖北通志》凡例中也說道：

志者識也，簡明典雅，欲其可以誦而識也，刪繁去猥，簡帙不欲繁
重，簿書案牘之詳，自有掌故專書，各體詩文自有文徵專書，志則出古
國史，決擇去取，自當師法史裁，不敢徇耳目玩好也〔註25〕。

作為一種記錄的體裁，地方志不僅僅反映出當時生活世界的實跡，同時也反映出記錄者的觀點，以及人與生活世界之間所存在的「意義網路」（webs of significance）〔註26〕；編纂地方志的傳統以及地方志的性格，是在一套獨特的「文化系統」（cultural system）下所決定，《禮記‧王制》篇有一段記載：

中國戎夷，五方之民，皆有性也，不可推移。……五方之民，言語
不通，嗜欲不同。達其志，通其欲〔註27〕。

戴震與章學誠雙方在方志體例上的差異，其實也是在同一個「文化系統」下的不同反映，如同我在三個章節裡所述說，雙方的不同不僅是體例上的差異，同時也是認知方式的差異；敏銳的讀者應該可以察覺到，我若是無法再進一步的說清楚這個差異究竟是什麼，那麼本篇論文的架構將會面臨崩潰的危險，面對這樣的現實危機，我所能夠提供出來的一種解釋方向，仍然必需要回到章學誠《文史通義》裡。章學誠在〈易教〉篇中既然主張「六經皆史」、「六經皆先王之政典」，那麼也代表章學誠認為歷史寫作，除了記錄「人倫日用」、「道」的發展軌跡之外，也必需能夠體現出政治系統運作的情形，因此在〈書教〉篇中，章學誠一再強調史學著述的源流出於官禮系統。對於章學誠而言，「方志如古國史」、方志是國史的具體而微，章學誠主張方志體例仿照紀傳體裁，分為紀、表、考、傳、文徵、掌故、叢談等，也是相對應於當時政治運作的一種知識分類，在這裡我們可以看到章學誠的思想與史學主張前後相連的一致性。相較於戴震在體例上，從考證地理沿革

〔註23〕韓浚等修，《重脩嘉定縣志》，台灣學生書局據中研院藏萬曆三十三年刊本影印
　　　　（1605），（台北：台灣學生書局，民國76年6月初版）。

〔註24〕段玉裁，《富順縣志》，乾隆四十二年刊本（1777）。

〔註25〕〈通志凡例〉，嘉業堂本，卷二十四。

〔註26〕Clifford Geertz , The Interpretation of Cultures, New York , Basic Books, 1973, p5.

〔註27〕鄭玄注曰：「皆俗閒之名，依其事類耳」，孔穎達疏曰：「達其志通其欲者，謂帝王
　　　　立此傳語人，曉達五方之志，通傳五方之欲，使相領解。」《十三經注疏》（台北：
　　　　藝文印書館印行，民國82年9月十二刷）。

以及疆域、山川的實地考察出發，以事類爲綱按照卷次分類的方式，則是另外一種知識型態。從這方面來看，戴震雖然也有許多義理方面的著作，例如《孟子字義疏證》、〈原善〉等，並且獲得極大的成就，但是卻不像章學誠一般，將思想貫徹到史學編纂的體例上，這可能是因爲章學誠一開始即從史學的角度來從事方志編纂工作，而戴震則是以考據名物、博學多識的經學角度來對待方志。

然而，必需注意到的是，明末清初考據學的興起，目的在於糾舉王學末流之弊，重新給予「聞見之知」應有的重視，並且透過考據方法，來解決儒學發展的爭端。但是到了乾、嘉時代，如同許多學者指出的，不少考據學者已失去了早期的方向，而轉變爲純粹爲考證而考證的研究。戴震所編纂的方志體例，正是體現出這種爲求考證而作的學術風氣，戴震編纂方志注重考證沿革，編纂地方志是另一個展現他考據功力的場所，由於專注於個別事項的細密求證，使得他的方志體例成爲一種按事項分列的形態，當然這也可能是因爲方志自宋代以來，大多是依照圖經或者《一統志》的方式編纂有關。然而，這種依照個別事項按卷次分列的編纂方式，本身就帶有一種參考書的工具性格，在前一章裡已經說明章學誠認爲這種編纂方式，只是「供詞章家之應時取給爾」的地理類纂，僅能夠是屬於官師執掌的掌故中的一部份，與章學誠主張「志爲史裁」的意旨並不相符。

地方志並非純然是爲了書寫或者記錄的目的而作，而是帶有一種政治統治的工具性格，作爲政府施政的參考；因此，地方志在內容上，體現出編纂者觀察社會所注重的道德價值，相對的也反映出一套政治權力運作的方式以及基於這一套政治運作的方式，所對應出來的一套知識系譜。地方志既然是作爲政府施政的參考依據，那麼也就必然必需能夠體現出政治運作實際情形，就好比強調「百姓人倫日用」，那麼也就不能僅僅是停留在一套言說的方式，必然牽涉到實質性的日常操作。就記錄的體裁來看，無論方志是屬於「歷史」或者「地理」，這兩個範疇其實所觀察的是同一個對象，對於人以及人所存在的生活世界，從認識主體出發對客觀現象進行描述，藉之以形成一套知識系統；在中國字詞的使用裡「志」這一個字，兼指一種書寫、記錄的名稱，同時也是一種認識的方法，因此是「志者識也」、「心之所之也」。無論方志是屬於「史」或者「地」，就記錄的目的而言，是一致的。沒有必要強分何者爲志體，何者爲史體。問題的重點應該在於編纂地方志的目的爲何？以及何種體裁是一個最適合的表達方式。紀傳體裁「年經事緯」的體例，能夠完整的表達時間、事件與人，三者之間同時並存的關係，正可以表現出這方面的優點。

第五章 結 論

　　許多學者認為近代學術（明末至清代）有一種強調「經世」或者「實學」的傾向，並且同時使用「經世」來詮釋章學誠與戴震的學術與思想。然而，這兩位學者所表現出來的「經世」內容卻是不一樣的知識型態，如同杜維明先生所說：「如果把司馬遷、劉知幾、黃宗羲和章學誠幾位史學大師一起請來開『實學』研討會，他們的意見絕難等同，也許還會爭得面紅耳赤〔註1〕。」其實就學問的本質而言，只要是關涉「人」以及人所存在的生活環境，都可以稱作「經世」，因此所謂的「經世」，應當指的是一種問學態度與儒家文化主導下對於當下生活世界的一種特殊意識。中國傳統文化中知識份子的強烈入世情操，在不同的時空背景下，因著個人的條件因素，可以有許多種不同的表現方式，章學誠與戴震在方志體例上的差異，其實也是雙方各自選擇不同的學術立場，對於地方志所應當展現的內容，做出不相同的知識分類，也是根基於這種特殊的意識——「經世」。

　　在章學誠所身處的時代背景裡，只有兩種方式能夠實現知識分子的經世情懷，一是透過科舉考試參與政權，在權力官場上競逐功名利祿，然而這與章學誠的人生志向不相符，章學誠選擇了第二者，以一個史學家的角度來直接參與社會，然而當時負責纂修國史的明史館早已結束，而章學誠又無緣參與《四庫全書》的編修工作，因此依附於名公巨卿之下，擔任幕僚、負責編纂地方志，是另一項參與社會的選擇。

　　章學誠不僅熟讀前朝各家方志，並且嫻熟於方志撰述源流，在編纂方志的過程中發展出他的方志理論，章學誠的史學理論與地方志編纂有者交互的影響關係。就章學誠而言，史學著述與編纂方志是相等的，《文史通義》內、外二篇，幾

〔註1〕杜維明，《儒家自我意識的反思》（台北：聯經出版公司，民國79年），頁86。

乎就是他的史學理論與形而上思想的結合，從章學誠的方志理論與《文史通義》
對讀下，可以解釋章學誠的史學理論與形而上思想有前後一致的連貫性；「道」在
「人倫日用」之中，起於「三人居室」一種不得不然的秩序，而爲聖人立教所發
顯，形成一種政教典章制度，在章學誠內心中相信上有一個「治教無二，官師合
一」的時代，一切的歷史均來自於官師執掌，所以他說道：「六經皆史」、「六經皆
先王之政典」；章學誠所稱述的是上古三王時代，以六藝作爲知識分類的六經，並
非是經過漢代以後的學者，不斷經典化後的儒家《六經》。但是章學誠並未否定孔
子《六經》的經典性地位，只是《六經》是孔子刪述三代所遺留下來的六藝知識
系統，後世很難再模擬或者複製孔子的《六經》來記錄「道」的演進。章學誠認
爲紀傳體裁，是三代以後最合適的一種記注與撰述的方式，紀傳體「年經事緯」
的體例，一方面可以承繼《春秋》編年記事的傳統，一方面又可以擴大記錄的範
圍。另一方面紀傳體裁也有它相對的缺陷；就這一點而言，章學誠加入了中國史
學批評傳統的討論中，但章學誠不似劉勰或者劉知幾般，認爲「班荀二體，角力
爭先，欲廢其一，固亦難矣。」章學誠提出以紀事本末體來補救紀傳體的缺陷。

　　章學誠主張方志設立三書，「志」、「掌故」、「文徵」，「志」的目的在於仿照紀
傳體裁，以紀年爲經作爲全書的綱領，「掌故」則源於官禮，仿照紀傳體八書、十
志的體例而設，目的在收集地方上的檔案文冊，而「文徵」則源於《詩經》的傳
統，收集關於地方上的奏議、徵實、論說以及詩賦，以求史文互證。三書之中「志」
與「文徵」是章學誠最早參與編修方志之時即以確立的原則，章學誠方志設立三
書，以及史學思想的成熟，在於乾隆五十四年纂修《亳州志》的前後幾年時間裡，
章學誠先後完成了諸如：〈方志立三書議〉、〈原道〉、〈經解〉、〈答客問〉、〈書教〉
等，幾篇《文史通義》中重要的文章。可以這麼說，參與纂修《亳州志》是章學
誠方志以及史學理論發展的重要關鍵年代。

　　章學誠從史學著述的源流來確定方志的性質，這也是他與戴震最根本的不同
之處。對於章學誠而言，方志仿照紀傳體裁，不僅僅是因爲紀傳體「年經事緯」
的體例，在記錄與敘事上有其優越性，同時也因爲方志是國史的具體而微，章學
誠將方志與國史的關係，比擬爲「如夫子作《春秋》必徵百國寶書」，方志既然是
國史的具體而微，那麼在體例上也就有必要體現出政治制度運行的實際情況，章
學誠的方志體例分爲紀、表、考、傳、文徵、掌故、叢談，是對應於當時政治制
度的一套知識分類，這與章學誠主張史學出於官禮是相符合的，章學誠從史學著
述的源流出發，方志體例與他的史學主張以及思想上的關係是前後一致的。就戴
震而言，戴震治學長於訓詁考證，編纂方志並非其主要事業，戴震所修之方志大

多僅是由其刪定例目，其方志體例是以事類為綱，依照卷次的排列方式；對於章學誠而言，這只是一種地理類纂的分類方式，對於個別的項目作細緻的考據求證，僅能夠是一種「供詞章家之應時取給爾」的資料分類。從這方面來看，戴震的學術雖然不僅於名物考證，戴震同樣也有許多關於義理方面的著作，例如《孟子字義疏證》、〈原善〉等，並且獲得極大的成就，然而戴震治學畢竟還是專注於考證。就編纂方志而言，戴震說道：「志首沿革」、「地圖及沿革表，志中開卷第一事也」，對於戴震而言，編修方志是他展現考證功力的另一個場所。因此，章、戴二人的差異就在於雙方因為著述的目的不同，所展現出來的體例亦不相同；對章學誠而言，「方志如古國史」是國史的具體而微，而戴震專注於個別事項的細緻考據與求證，因而戴震的方志體例表現出一種按項目而分的類纂型態。

　　雖然雙方在體例上所展現的知識型態有如此大的差異，我們還是可以從雙方的體例中看得到一些共同的傾向，雙方對於編纂方志的態度，都各自體現出一種存真核實的精神。就章學誠而言，表現在方志體例中設立「人物表」上，使讀者可以藉由列傳與人表的相互參照下，得知作者撰寫的意旨；而戴震則表現在他注重地理沿革以及實地考察上。同時我們也可以藉由這兩位作者，看到清代方志在編纂上共同側重的重點，那就是把貞女傳或者烈女傳改為列女傳，不再以婦女守貞作為寫入方志的唯一衡量標準，以及對於孝義、儒門等社會共同道德價值的注重。

　　方志中兼載地理與人物，這就是方志具有獨特性的地方，這個特性在於傳統文化中知識分子強烈的經世取向，在本世紀初傳統文化與西方學術接觸後，相較於西方學術分科的概念下，凸顯出方志體裁的獨特性，標舉出方志獨立成為一門學科。然而，當現代學者使用「歷史」與「地理」這兩種知識範疇來規範方志的性質，並且依據這兩種知識範疇，分別在傳統學術中尋找方志的源頭，往往忽略了地方志是根植於傳統文化下的特殊產物。地方志在訴說的是一套特殊的價值系統，「五方之民，言語不通，嗜欲不同。達其志，通其欲〔註2〕。」

〔註 2〕《禮記・王制》。

參考書目

原始文獻

1：司馬遷著、瀧川龜太郎會注，《史記會注考證》（台北：洪氏出版社印行，民國 75 年 9 月出版）。

2：司馬光，《溫國文正司馬公集》，八十卷，四部叢刊初編集部，（台北：台灣商務印書館，民國 64 年）。

3：宋敏求，《長安志》（《宋元地方志叢書》），二十卷，（台北：地志研究會編印，民國 67 年 8 月初版，據乾隆五十二年刊本影印）。

4：周應合，《景定建康志》（《宋元地方志叢書》），五十卷，（台北：地志研究會編印，民國 67 年 8 月初版，據嘉慶六年刊本影印）。

5：洪亮吉，《洪北江詩文集》，卷施閣甲集十卷、乙集八卷、卷施閣詩集二十卷、附年譜，四部叢刊初編集部，（台北：台灣商務印書館，民國 64 年）。

6：洪亮吉、孫星衍合撰，《澄城縣志》，不分卷次，乾隆四十九年刊本）。

7：洪亮吉，《登封縣志》，二十八卷，乾隆五十二年刊本。

8：段玉裁，《富順縣志》，五卷，乾隆四十二年刊本。

9：胡適著、姚名達訂補，《章實齋先生年譜》（台北：遠流出版公司，民國 83 年 1 月遠流版第四刷），170 頁。

10：孫星衍，《盧州府志》，五十四卷，嘉慶八年刊本。

11：徐師曾，《吳江縣志》，台灣學生書局據中研院史語所藏，明嘉靖四十年刊本影印（1561）（台北：台灣學生書局，民國 76 年 6 月初版）。

12：班固著、顏師古注，《漢書》，一百卷，附補續漢書藝文志、補漢兵制（台北：宏業書局出版，民國 73 年 3 月 1 日再版）。

13：章學誠，《章氏遺書》，三十卷、外編十八卷、補遺一卷，附錄一卷，嘉業堂本（台北：漢聲出版社印行，民國 62 年元月初版）。

14：章學誠著、葉瑛校注，《文史通義》，八卷，附校讎通義三卷，大梁本（台北：里仁書局，民國 73 年 9 月出版）。

15：章學誠著、倉修良編，《文史通義新編》，內篇六卷、外篇六卷、附錄一卷，（上海：古籍出版社，1993 年 7 月第一版第一刷）。

16：章學誠，《永清縣志》，二十五篇（台北：學生書局印行，民國 57 年 6 月景印出版，據乾隆四十四年刊本景印，共二冊。

17：劉知幾著、浦起龍釋，《史通》，二十卷、附本傳一卷（台北：里仁書局印行，民國 69 年 9 月）。

18：劉勰，《文心雕龍》，十卷（台北：金楓出版有限公司，民國 77 年 8 月）。

19：戴震，《東原集》，十二卷，附戴東原先生年譜一卷，四部備要（台北：台灣中華書局印行，民國 62 年台二版）。

20：戴震，《孟子字義疏證》，三卷，國學基本叢書（台北：台灣商務印書館，民國 57 年三月台一版）。

21：韓浚等修，《重修嘉定縣志》，台灣學生書局據中研究藏萬曆三十三年刊本影印（1605）（台北：台灣學生書局，民國 76 年 6 月初版）。

22：戴震，《汾州府志》，三十四卷，乾隆三十六年刊本。

23：戴震，《汾陽縣志》，十四卷，乾隆三十七年刊本。

24：羅願，《新安志》，《宋元地方志叢書》，十卷（台北：地志研究會編印，民國 67 年 8 月初版，據嘉慶六年刊本編印）。

25：《十三經注疏》（台北：藝文印書館印行，民國 82 年 9 月十二刷）。

一般論著

一、專　書

中　文

1：王泛森，《古史辨運動的興起》（台北：允晨文化出版公司，民國 76 年初版），頁 297。

2：王庸，《中國地理學史》（台北：台灣商務印書館，民國 75 年 10 月台一版），頁 262。

3：王葆心，《方志學發微》，注析本，（湖北省地方志編纂委員會辦公室，1984 年 6 月），頁 354。

4：王德毅主編，《中華民國台灣地方公藏方志目錄》（台北：漢學研究資料及服務中心印行，民國 74 年 3 月初版）。

5：毛一波主編，《修志方法論集》（台北：方志研究出版社，民國 43 年 12 月初版），頁 152。

6：朱士嘉，《中國地方志綜錄》（台北：新文豐出版公司，民國 64 年，共二冊）。

7 ：余英時，《歷史與思想》（台北：聯經出版公司，民國 62 年 11 月），頁 476。

8 ：余英時，《史學與傳統》（台北：時報出版公司，民國 75 年第五刷），頁 299。

9 ：余英時，《論戴震與章學誠》（台北：華世出版社，民國 69 年元月台影二版），頁 373。

10：余英時，《中國近代思想史上的胡適》（台北：聯經出版公司，民國 79 年第四次印行），頁 110。

11：余英時，《從價值系統看中國文化的現代意義》（台北：時報出版社，民國 79 年十一月），頁 135。

12：宋晞，《方志學研究論叢》（台北：台灣商務印書館發行，民國 79 年 9 月初版），頁 211。

13：杜維明，《儒家自我意識的反思》（台北：聯經出版公司，民國 79 年初版），頁 272。

14：杜維運，《清乾嘉時代之史學與史家》（台北：學生書局，民國 78 年 4 月初版），頁 168。

15：杜維運，《清代史學與史家》（台北：東大出版社，民國 82 年 4 月），頁 390。

16：來新夏，《中國地方志》（台北：台灣商務印書館，民國 84 年初版第一刷），頁 250。

17：金靜庵，《中國史學史》（台北：鼎文書局，民國 83 年 10 月第七版），頁 392。

18：林天蔚，《方志學與地方史研究》（台北：國立編譯館主編，南天書局發行，民國 84 年），頁 396。

19：林毓生，《思想與人物》（台北：聯經出版公司，民國七十二年八月初版），頁 498。

20：林毓生，《政治秩序與多元社會》（台北：聯經出版公司，民國 78 年 5 月初版），頁 409。

21：侯外盧，《中國思想通史》（北京：人民出版社，1992 年 9 月第五刷，共五冊）。

22：姚名達，《中國目錄學史》（台北：台灣商務印書館印行，民國 60 年，台一版），頁 429。

23：胡適，《問題與主義》（台北：遠流出版公司，民國 83 年 9 月初版第五刷），頁 217。

24：胡適，《治學的方法與材料》（台北：遠流出版公司，民國 74 年 4 月第一版），頁 211。

25：胡適，《戴東原的哲學》（台北：台灣商務印書館發行，民國 85 年 2 月台二版第六刷），頁 369。

26：施耐德（Laurence A. Schneider）著，梅寅生譯，《顧頡剛與中國新史學》（台北：華世出版社印行，民國 73 年元月初版），頁 356。

27：倉修良，《章學誠和文史通義》（北京：中華書局出版，1984 年 12 月第一版），

頁 203。

28：倉修良，《方志學通論》（濟南：齊魯書社出版，1990 年），頁 344。

29：徐復觀，《中國經學史的基礎》（台北：台灣學生書局印行，民國 71 年，頁 269。

30：夏鑄九、王志弘編譯，《空間的文化形式與社會理論讀本》（台北：明文書局出版，民 83 年 6 月），頁 623。

31：章太炎，《國學略說》（台北：文史哲出版社印行，民國 76 年 5 月再版），頁 228。

32：梁啓超，《戴東原》（台北：台灣中華書局印行，民國 68 年 2 月台三版），頁 74。

32：梁啓超，《中國近三百年學術史》（台北：台灣中華書局印行，民國 76 年 2 月台二版），頁 374。

33：梁啓超，《中國歷史研究法》，附補編（台北：台灣中華書局印行，民國 82 年三月十五版二刷版），頁 176。

34：梁啓超，《清代學術概論》（台北：台灣商務印書館，民國 83 年 1 月台二版第一刷），頁 183。

35：許慎撰、段玉裁注，《說文解字注》（台北：天工書局印行，民國 81 年 11 月再版）。

36：陳正祥，《中國文化地理》（台北：木鐸出版社，民國 73 年 9 月），頁 290。

37：陳榮捷，《新儒學論集》（台北：中央研究院中國文哲研究所籌備處印行，民國 84 年），頁 374。

38：張舜徽，《史學三書平議》（台北：弘文館出版社，民國 75 年 9 月），頁 222。

39：張國淦，《中國古方志考》（上海：中華書局出版，1962 年 8 月第一刷），頁 782。

40：黃葦等著，《方志學》（上海：復旦大學出版社，1993 年，第一刷），頁 910。

41：彭明輝，《歷史地理學與現代中國史學》（台北：東大出版社，民國 84 年初版），頁 423。

42：彭明輝，《疑古思想與現代中國史學發展》（台北：台灣商務印書館，民國 82 年九月初版），頁 262。

43：彭雅玲，《史通的歷史敘述理論》（台北：文史哲出版社，民國 82 年 6 月初版），頁 242。

44：彭靜中編著，《中國方志簡史》（四川：四川大學出版社，1990 年 8 月第一版），頁 457。

45：傅振倫，《中國方志學通論》（台北：台灣商務印書館印行，民國 55 年 12 月台一版），頁 254。

46：蔣伯潛編著，《校讎目錄學纂要》（台北：正中書局印行，民國 71 年 9 月台二

版），頁 204。

47：錢穆，《中國學術通義》（台北：學生書局出版，民國 82 年 2 月增訂三版四
　　刷），365 頁。

48：錢穆，《中國近三百年學術史》（台北：台灣商務印書館印行，民國 84 年 1 月
　　台一版第十一刷），頁 709。

49：嚴明，《洪亮吉評傳》（台北：文津出版社，民國 82 年），頁 241。

50：饒宗頤，《中國史學上之正統論》（香港：龍門書店印行，1977 年），頁 384。

51：《史地學報》，第一卷：第一期、第二期（南京：南京高等師範學校史地研究
　　會，民國 10 年 11 月至民國 11 年 1 月，台灣進學書局影印版，民國 49 年 2
　　月）。

52：《禹貢半月刊》，第一卷：第一期至第五卷：第十二期（北平：禹貢學會，台
　　灣大通書局影印版，民國 61 年）。

53：漢學研究中心資料組編輯，《漢學研究中心景照海外佚存古籍書目初編》，（漢
　　學研究中心出版，民國 79 年 3 月）。

日　文

1 ：內藤虎次郎，《支那史學史》（東京：清水弘文堂書房，昭和四二年三月三十
　　日（1967））。

西　文

1 ：Chu Shin Chia,Chang Hsueh-Ch'eng, His contributions To Chinese Lacal
　　Historiography, New York Columbia University Press, 1950（漢學中心微卷影印），
　　p.225.

2 ：Ch'ien,Edward, Chiao hung and the Restructuring of Neo-Confucianism in the Late
　　Ming, New York Columbia University Press,1986 p367.

3 ：Elman, Benjamin, From Philosophy to Philology, Harvard University Press, 1984
　　p.368.

4 ： Eliad,Mircea, Patterns in Comparative Religion, Trans by Rosemary Sheed,
　　Meridian book, 1974. p.484.

5 ：Foucalt, Michel, The Archaeology of Knowledge, Trans by A.Msherldan Smith,
　　British, Tavistock Publications,1972 p.218.

6 ：Geertz, Clifford, The Interpretation of Cultures, New York, Basic Books, 1973.
　　p.470.

7 ：Kuhn, Thomas, The Structure of Scientific Revolution,Chicago, Chicage University
　　Press, 1970 p.210.

8 ：Nivision,David, The Life and Thought of Chang Hsueh-ch'eng（1738～1801），
　　Stanford University Press, 1966. p336.

二、論　文

中　文

1 ：王重民，〈清代學者關於禹貢之論文目錄〉，《禹貢半月刊》第一卷，第十期，台灣大通書局印行，頁 22。

2 ：艾愷（Allitto, Guy），〈中國方志與西方史的比較〉，《漢學研究》，第三卷：第二期，（民國 74 年 12 月），頁 59～71。

3 ：宋晞，〈七十年來的方志學研究〉，《史學彙刊》，第十一期，（民國 70 年 12 月），頁 77～100。

4 ：宋家復，〈章學誠的歷史構想與比較研究〉，《台灣大學歷史學研究所碩士論文1992》。

5 ：周予同、湯志均合撰，〈章實齋六經皆史說初探〉，《周予同經學史論著選集》（上海：人民出版社，1983 年，頁 711～727。

6 ：周予同，〈五十年來中國之新史學〉、《中國史學史論文選集》，第三冊（台北：華世出版社印行，（民國 62 年 10 月），頁 371～1824。

7 ：周啓榮，〈史學經世：試論章實齋「文史通義」獨缺「春秋教」的問題〉，師大歷史學報，第十八期，（民國 79 年），頁 169～182。

8 ：周啓榮、劉廣京合撰，〈學術經世：章學誠之文史論與經世思想〉，《近世中國經世思想研討會論文集》，中史研究院近代史研究所編，（民 73），頁 171～155。

9 ：柳詒徵，〈論以說文證史必先知說文之例〉，《古史辨》第一冊，（民國 59 年重印），頁 217～222。

10：倉修良，〈論方志的起源〉，《中國史學集刊》第一輯，（江蘇：古籍出版社，1987 年 4 月第一刷），頁 91～14。

11：陸寶千，〈嘉道史學——從考據道經世〉，《中國史學史論文選集》，第三冊（台北：華世出版社印行，民國 62 年 10 月年），頁 33～370。

12：黃兆強，〈同時代人論述章學誠及相關問題編之研究〉，《東吳文史學報》，第九期，（民國 82 年），頁 103～136。

13：傅振倫，〈方志之性質〉，《禹貢半月刊》，第一卷，第十期；（台北，台灣大通書局印行），頁 329～331。

14：鄭吉雄，〈論章學誠的「道」與經世思想〉《台大中文學報》，第五期，（民國 81 年），頁 303～328。

15：蔣義斌，〈章學誠「六經皆史」的意旨〉，《華岡文科學報》（民國 77 年），頁 176～186。

16：繆全吉，〈章學誠議立志（乘）科的經世思想探索〉《近世中國經世界想研討會論文集》，中央研究院近代史研究所編，（民 73 年），頁 175～179。

17：顧頡剛，〈與錢玄同先生論古史〉，《顧頡剛古史論文集》（北京：中華書局出版，1993 年 10 月北京第二次刷），頁 101～123。

18：顧頡剛，〈古史中地域的擴張〉，《禹貢半月刊》，第一卷，第二期（台北：台灣大通書局印行，頁 216。

19：顧頡剛，〈漢代以前中國人的世界觀念與域外交通的故事〉，《禹貢半月刊》第五卷，第三四合期（台北：台灣大通書局印行），頁 269～290。

20：顧頡剛，〈漢代以後中國人的世界觀念與外交通的故事〉，《禹貢半月刊》第五卷，第三四合期（台北：台灣大通書局印行），頁 290～306。

21：顧頡剛，〈論《今文尚書》著作時代書〉，《古史辨》，第一冊，（民國 59 年重印），頁 200～206。

22：顧頡剛，〈答柳翼謀先生〉，《古史辨》第一冊，（民國 59 年重印），頁 223～230。

23：顧頡剛，〈秦漢統一的由來和戰國人對於世界的想像〉，《古史辨》第一冊，（民國 59 年重印），頁 223～230。

24：顧頡剛，〈秦漢統一的由來和戰國人對於世界的想像〉，《古史辨》第二冊，（民國 59 年重印），頁 1～10。

日　文

1：三田村泰助，〈章學誠の「史學」の立場〉，《東洋史研究》，第十二卷第一號，昭和二十七年（1952 年 9 月），頁 1～17。

2：高田淳，〈章學誠の史學思想について〉，《東洋學報》第四七卷第一號，（昭和三十九年（1964 年 6 月 30 日）），頁 61～193。

3：島田虔次，〈六經皆史說〉，收入於《日本學者研究中國史論著選譯》（北京：中華書局出版，1993 年），頁 18～210。

4：森正夫，〈明末における秩序變動再考〉，《中國——社會と文化》（東京：中國社會文化學會，平成七年（1995）），頁 3～27。

西　文

1：P. Demieville, "Chang Hsueh-ch'eng and Historiography," W. G. Beasley and E.G. Pulleyblank. Eds, *Historians of China and Japan*, London, Oxford University Press,1961.p167～185.

我國方志地圖的研究：以明代方志地圖爲例

劉廷祥　著

作者簡介

臺灣省屏東縣人，中國文化大學地學研究所地理組畢業，現任屏東縣立大同中學教師。

提　　要

　　方志地圖是一種我國特有的專門地圖，是地圖和方志最古老的表現形式。古代，方志地圖常用來記述各地疆域、山川、城池、物產等，因而成為歷代帝王統領疆域、治理邦國必備的工具。在傳統中國地圖學史中，方志地圖佔有很重要的地位，其內常包含許多有用的資料，可供學術研究與實際應用，是我國一項寶貴的歷史資產。本文以明代方志為例，敘述和分析其各項繪製要素的特性，並闡述明代方志地圖在地理學術上的價值。

目錄

自 序

　　多年前完成的碩士論文─《我國方志地圖的研究：以明代方志地圖為例》，承蒙《古典文獻研究輯刊》主編的賞識，願集結成刊，心中頓時既驚且喜，驚的是如此冷僻的題材竟也受到青睞，喜的是當時研究的成果終於得以發行，驚喜之間，一方面既怕砸壞出版社大大的招牌，一方面又想滿足自己小小的虛榮心，兩相權衡下，興奮之情終究戰勝惶恐之心，最後還是欣然同意授權付梓。

　　本文主要研究明代方志地圖，針對其數量、內容、比例尺、版式、符號、文字、花紋、標題等各項地圖要素逐一進行探討，以期呈現明代方志地圖的若干特徵。雖以今日眼光來看，明代方志地圖之繪製常顯得粗略不精確，甚至謬誤不合理，然無可否認地，在大量歷史地理資料的保存及歷史地圖編纂設計的參考上，明代方志地圖仍有發揮的空間，應用的價值，只要能取其菁華，去其糟粕，則將還是研究中國歷史地理極寶貴的資料。

　　踏著前人的肩膀，我們得以看得更高，望得更遠。最後，我要感謝我的父母及恩師姜道章老師，在我人生的路上，殷殷教誨，循循善誘，使我能順利完成這篇論文。也盼拙著能拋磚引玉，引發各方人才投入多方的研究，方不負化木蘭文化工作坊出版本文的美意。

第一章 導 言

第一節 地圖學史的重要性

  各個學科都就知識、專業和實用三方面作歷史的研究，也許是內部之求變，也許是外來的壓力，各個學科都就與比較廣闊的學術領域關係，研究其過去的歷史發展。雖然有些學者認為學科歷史冗長而乏味，然而，對學科新概念的成長和研究方向卻是極為重要的。

  近幾十年來，地圖學的發展十分快速，今日按照公認的標準，就工具、技術、方法論、知識定位和專業特徵等各方面來說，地圖學清楚地有了自己的特色，從其他學科中分出來，這些趨勢對地圖學史具有重要意義，地圖學的理論架構已為地圖學史者提供了新的研究策略。然而，相互作用大部分是單方面的，當地圖學史已從地圖學新概念中獲益，地圖學史對當今的地圖學卻不曾發揮顯著的影響力，地圖學專業團體也不視地圖學史為其自身的學科。

  本節以下的討論，將證明地圖學史對地圖學是很有利的，根據科學史和科學哲學之方法來發展，地圖學之問題就是科學史基於自身緣故，應該研究地圖學史。各種科學學科的歷史是科學史的形式，這種形式就是直接提供科學工作者技術的需要、知識的興趣和心理的關係。地圖學者並不充分了解和奉行這種使命，因此，為說明地圖學史與地圖學的關係，以下回顧目前地圖學史研究的情形，描述當代地圖學史研究中知識、教育和實質的使用。

一、地圖學中歷史研究的現狀

  地圖學研究工作者常給人不很認真看待地圖學史的印象，有些人甚至是公然

反對地圖學歷史，1960 年代許多地理學者對地圖學史的態度可以此觀點來歸納：
寫一篇關於舊地圖之文章，不是地理學者的正業，是兼差性質。即使今日，地圖
學和地理學對地圖史研究經常的反應是地圖學史是非定量的、非科學的或無用的。

反對上述意見，幾乎同樣多的證據支持地圖學者認真地嚴肅看待地圖學史，
1950 和 1960 年代新近形成的地圖學學會沒有從他們計劃議程中排除歷史調查，例
如：英國地圖學學會於 1964 年確認地圖學範圍時，包括了地圖之「歷史演進」；
1974 年創刊的《美國地圖學者》學報，文獻目錄中也包括了「地圖製作之歷史」。
此外，加拿大、德國、荷蘭和俄國的地圖學學會也已建立了工作小組，專門作地
圖學史的研究。同樣地，國際地圖學協會也在 1972 年成立地圖學史的工作小組，
正式擴展協會的活動到地圖學史，1976 年小組更提升為委員會的地位，1985 年地
圖學史之常設委員會成立，為協會四個分支委員會之一。

更進一步的證據證明地圖學史逐漸被接受，例如 Bibliographia Cartographica，
從 1957 到 1971 年，地圖學史便形成其第三個重要的主題，在 23,000 種文獻中佔
大約百分之十三；不管其動機，各國地圖學期刊的編者，也已保留其篇幅給地圖
學史方面；例如加拿大出版的 Cartographica，百分之三十的文章是討論地圖學史
的，1964 到 1972 年，地圖學史似乎已是它的主要焦點；大多數其他的雜誌至少也
出版了一些歷史資料。這些事實顯示當代地圖學界對地圖學史有很廣泛的興趣。

地圖學中，也承認歷史元素的重要性，幾本大學地圖學教科書中，通常都有
一章討論地圖學史。實際上，許多較舊之教科書中，地圖學史已是一必要的篇章，
仍然保留於 1980 年代廣泛被使用的許多地圖學教科書中。

二、地圖科學知識在地圖學史中的重要性

地圖學史一般的理論基礎類似其他科學技術史一般的理論基礎，1930 年代到
1950 年代，一些地圖學和地理學的歷史學者，著名的如 E. G. R. Taylor, John K.
Wright 和 Armando Cortesao 等人，很著重科學史，後來的學者雖然維持與地理學
和地圖圖書館學緊密的聯繫，也與蒐集和古地圖販賣業者合作，而不著重更寬廣
的科學史。不過，現在的科學技術史所包含的許多方面，直接能應用於地圖學發
展相關歷史的需要。

科學家必需知道科學思想、創造和方法發展之歷史，並且對歷史有所評價，
也在促成自然世界之人類知識中，扮演重要的角色。現代科學發展對經濟、社會
和甚至政治狀況上有極大的衝擊，愈發強調對科學史認真和深入研究的需要，科
學史學者已不只發現和呈現科學發展連續的階段，也解釋科學史。

　　同樣地，歷史研究有助於地圖學者定位他們在社會中的角色，和評價地圖學對社會、經濟和政治狀況的影響，由此可見，地圖學史實為廣泛知識的研究，解釋歷史，也促成地圖學在今日世界文化與社會中的重要性。

　　Charles Singer 曾聲稱「科技是歷史的一方面，特別是社會歷史」，在科技發展下，「訓練、經驗和專門技能」之評價使我們不可能「摒除早期科技史」；我們不能「漠視前人的學識技能」。身為地圖學者，我們絕對不可摒除早期的中國地圖學、托勒密的地理學、第一幅城市平面圖、等高線的發明和航空攝影製圖應用的成就。重要的是，今日地圖學知識既不能減少，也不能忽略地圖的歷史，地圖在歷史中重要性的例子很多，有許多關於地圖在不同社會和人類活動之實質貢獻的記錄；事實上，我們所知曉的大多數地圖曾是他們使用者掌握中的實質工具，以達到經濟、社會、教育、宗教、軍事或政治的目的。

三、地圖學史在地圖教學上的應用

　　有關歷史之基本的角色，是在愈來愈科技的教學中，地圖學史具有人文學科潛在的影響力，在教育的應用中，至少有六個原因：

1、藉使地圖學學生接受為人文學科的地圖學史，可提高他們一般人文上讀寫的能力，除教導基本地理學識外，學生被引導入像 Aristotle，Augustus 和 Julius Caesar, Chaucer, Herodotus, Homer 和裴秀等歷史人物之地圖學前後關係中，地圖學史的研究，可以反映不同時期人文活動之普遍水準和人對世界之知覺，地圖是人類變化思想敏感的指示器，有些地圖更似乎是文化和文明優秀的寫真。

2、歷史探究在地圖學教育中也有社會的目的，使學生曉得製圖發展與制度和社會結構如何相互影響。再則，研究地圖對歷史改變的影響力，地圖學史使地圖學者瞭解地圖對人類的價值，而得到較好的評價，因此得到他們在社會中的地位。提醒地圖學者他們是有用的，地圖很少是沒有價值的，且常是權力的工具，就像藝術家、作家或電視記者，地圖學者是有道德和社會責任的。

3、地圖學史中許多的主題，對地圖學和地圖使用者提供豐富的學科材料，吸引初學者的注意，並且鼓勵他們進入地圖學領域，具有激發興趣和誘導學生的潛力。

4、地圖學史是一適合的媒介，透過它，強調地圖學作為一統合學科的本質，打破學科界線，不僅跨立於資料蒐集、地圖製作和以地圖表示資訊傳播之

一系列複雜技術的發展，也於圖解藝術研究內美學和心理學發展之一廣泛範圍的歷史，在非常專業化的時代，把地圖學界視爲一整體的能力，是地圖學史非常適合慢慢灌輸的專業資產。

5、現代地圖學發展中，歷史也可以有啓發式的價值，一個最好的例子就是Peters 投影，已大大刺激了地圖學團體，在此需要強調的，不是 Peters 投影對於調整大眾對第三世界相對大小之錯誤意象是否是有效的，而是 Arno Peters 忽略這一投影在一百多年前已由 Reverend J. Gall 發明的事實，這導致對此投影重新命名爲 Gall-Peters 投影，這是關於駕馭地圖學之輪另一個警戒的往事！

6、在現代地圖設計的研究，早期地圖顯著增加可用作實質教導之適合例子的範圍，顯露於不同文化和時期之地圖，有助於地圖學者對美感價值領略和辨識的發展。

這不是暗示在現今地圖設計，歷史模式應被一昧摹倣，也不應把太多權威歸於早期地圖學中過去的專家或偉大的地圖，不過，觀察力可透過對正式地圖分析之歷史實例的使用而被發展，藉無論何處盡可能對原作地圖研究，學生對單一部分的觀察力被加強，使他們知道如何尋找視覺線索，以致地圖爲什麼和如何被構思、編纂、設計、印刷和出版，地圖的視覺分析變成一複雜和敏銳的課程。

四、地圖學史實用的價值

如同在其他人文活動中一樣，地圖學中的現在正不斷變成歷史，但是過去和現在之間，人爲區別很難去維持是有實質和知識的根據，對那些與地圖運作有關的人，像是地圖製作者、地圖使用者和地圖圖書館管理員等，任何地圖之效用已終止的概念，都是虛構的，相反地，非當代地圖實質的使用，顯然對地圖學史系統的研究提供廣泛範圍的辯明。

（一）地圖評價

地圖學史第一個主要角色，在於其傳統強調地圖作爲歷史記錄之批評的評價，如此得來的技能，直接可轉移到對當代地圖的批評，地圖學者的訓練，最近幾十年，已實質提升了定量和計算的技能，但「地圖作爲一種記錄」的功能，較少有系統的研究，在這一範圍中的許多作品，包括測算地圖面積和地形精確之新技術的探查，已被地圖學史者專有，至於對地圖評價的精通，更是很普遍的事實。

這種方法和技術的明顯使用，是歷史地圖和地圖集的編纂，歷史地圖和地圖

集之評價，對地圖學和非地圖學兩種資料，需要較多的研究，地圖學者需要發展歷史感。

對地圖來源的評價在歷史地圖學中高度發展，適用於當代地圖之編纂，現代地圖分析學者幾乎不能避免要求助於歷史資料，地圖以年代次序分類，其組成來源之系譜適當確立，地圖學中最近技術的進步已加強而不減少對這樣評價程序的需求，因爲他們選擇和簡括化的標準是極嚴格的，且可用來建立一特殊項目之選擇範圍是相當多的，地圖學者使用數位資料的注意力，集中於其來源的品質，這無疑是來自地理資訊系統，評價資訊的能力，變成一極重要的技能。

在地圖編輯方面，地圖學歷史知識可能是重要的，例如，土地測量者可能必須參考土地記錄和邊界法規，在國家測量組織中，有關邊界或地名材料的決定，通常需要參考歷史根據和先例；再則，法律資詢工作，也就是在法庭辯論地圖，主要是對地圖學史和歷史地理學的運用，從單純地方到國際的土地紛爭中都涉地圖的應用，證實最古老的地圖如何能與最新的一樣重要。

（二）地圖學過去的保存

在地圖學上，地圖學史更有教育歷史感的實質重要，是關於其本身作品和記錄有次序的保存，地圖學過去的記錄，不只對地圖學史者未來的研究者，也對需接受過去經驗和模式之明日地圖的計劃者和設計者是重要的。20世紀實踐的許多繪圖記錄，不只包括出版的地圖，也包括像技術手冊與官方繪圖局內部訓練的項目，和像工作表、校樣、計劃書、計算書與信札的文件，尚未移入檔案保管，甚至更嚴重的──在當快速技術革新的社會特質，評估昨日繪圖爲強烈過時的時期──是官方和私人兩種出處之地圖學記錄定期的毀壞，現代地圖學記錄僥倖殘存，而不是爲國家有計劃保存政策的結果，舉例而言，在美國，哈佛大學早期電腦繪圖的檔案已被保存，但LANDSAT I衛星影像之許多最早的數位帶子，已因帶子的磁性變壞，而致不可使用。它也可連結到關於地圖學記錄之存在、地位和可能散佈之更多資訊的發行，更不用提關於地圖和地圖集最近歷史之短暫和快速過時的技術資訊，檔案政策對地圖分支之國家協會和圖書館協會之國際聯盟（地理學和地圖圖書館管理員）兩者已是有關係的事件，無論如何，假如地圖學要增進其本身歷史更清楚的印象，適當記錄保存的需求將更有效地被證明。照現況說，地圖學活動的記錄，不屬於那一個人的責任，當地圖學史者不在最好的位置去影響文件的保存，檔案保管者趨向認爲地圖爲其興趣的外圍，只有檔案保管者和地圖學史者間有較好的對話，才能保證地圖獨特的特徵和其相關的圖解記錄，此後

適當地保存和記錄於公開之論述和地圖圖書館之收藏目錄中。

　　也許不是所有地圖學者都信服這些論點，對那些抓住商業貿易或政府服務之財政實體的人，這些論點可能讀起來好像沒有什麼意義。然而地圖學正處在叉路口上，地圖學史的研究是很急迫的。

第二節　臺灣現存明代方志概況

　　方志即地方之志，古謂四方之志，故方志乃地方志書的簡稱〔註1〕。「所謂志，蓋即附麗於各地方之故事史記，而所謂方志者，亦無非地方史記而已」〔註2〕。依諸向例，在中央者，謂之史；在地方者，謂之志；故志即史，如某省志，即某省史；而某縣志，亦即某縣史也〔註3〕。有學者將我國「方志」譯為 Local history，就是這種意思。中國古來地方志書，按其內容，大抵為歷史記載與不定期之年鑑性質，而溯其遠源，則尤以史事為主體。所以，地方志的內容就是地方歷史的說法，並不為過。據此，可簡單地定義說：「方志者，乃記載及研究一方人類進化現象」〔註4〕。

　　我國方志之興，淵源甚早。「方志」一詞，見於《周禮春官》：「外史掌四方之志」〔註5〕。現存方志之最古者，為東漢初期之《越絕書》，作者不詳，內容上，史傳溢於地理。

　　據王以中〔註6〕的推論，中國古來地志，多由地圖演變而來。蓋我國古代地圖，繪法至簡，一切地理事實之未能以圖繪表明者，多以文字說明濟其窮。故地圖上，除地名之外，兼有記注說明，幾成通例，惟其說明文字之詳略多寡，自不一致，然仍以圖為主，說明為附庸。古地圖之變為地志形式之主要轉機，約在南北朝之際。晉裴秀作《禹貢地域圖》，並論製圖六體，使中國地圖至少在原理上已達登峰造極之境。裴秀以後，說明漸增，而圖繪不與，故其內容，漸由地圖變而為地志。自晉迄隋，遂多圖說並重之圖經，亦稱圖記、圖志。唐代，輕記注而重圖繪，輿圖復盛，圖經轉衰，地志方面，略為退化。沿及北宋，圖經中興，其文字增多，

〔註1〕見毛一波，《方志新論》（臺北：正中書局，1974年），頁1。
〔註2〕見王庸，《中國地理學史》臺五版（臺北：臺灣商務印書館，1986年），頁128。
〔註3〕見李泰棻，《方志學》（臺北：臺灣商務印書館，1968年），頁1。
〔註4〕見前引李泰棻，頁2。
〔註5〕見宋晞，《方志學研究論叢》（臺北：臺灣商務印書館，1990年），頁2。
〔註6〕見王以中，「地志與地圖」，《禹貢半月刊》，第2卷第2期（1934），頁6。

圖繪簡約，於是，地志由附庸而蔚爲大國，而地圖則不免有夫人作婢之槪矣。南宋郡志突盛，元明以降，方志之繁富，即肇基於此。

地圖與地志在歷朝互爲消長，其後說明日增，而圖不加多，或圖亡而僅存說明，遂多變爲有說無圖或以圖爲附庸之地志。王庸〔註7〕與王益厓〔註8〕曾在個別的論述中，將中國古地志分爲兩類：一爲普通有文無圖之記志；一爲圖說兼具之圖經。

方志爲中國文化的特殊結晶，是一種老式的地誌或地方誌〔註9〕。雖說方志中的歷史意味爲主要，但其中亦雜有若干地理學的成分，也就相當於現代地理學中的區域地理，在記錄資料上包羅萬象，編纂體系上自成一格。但方志的體例並非一朝一夕就趨乎完備，而是歷經了好幾個朝代，在內容上不斷地塡補增新，才建立其大致的規模。從漢到唐，地方志內容反映各地區的疆域、氣候、山川、物產等，不出地理範圍。到了宋代，地方志的內容更加充實，加上戶口、賦稅、人物、藝文等目，則由地理擴充到人文歷史方面。論方志體例，至宋已臻完備，舉凡輿圖、疆域、沿革、山川、名勝、建置、職官、戶口、賦稅、物產、鄉里、風俗、人物、方技、金石、藝文、災異等，無不彙於一編〔註10〕。內涵豐富的地方志，廣泛涉及政治、經濟、社會、文化、學術、宗教、科技、軍事、民俗、語言等方面。若干資料每爲正史各志、列傳所未載，或雖載而不詳者；亦有爲文集、筆記所未收者；且有可正正史之謬誤者〔註11〕。總括來說，那些以行政區域爲單位編纂的方志，其內容包含該地區自然和社會的各個方面，有類於一個地方的百科全書，透過它可對當地的地理、歷史以及社會、經濟各方面有一概略的印象。由於方志中保存了當時該地豐富的地區性資料記錄，因而頗具學術價值。

我國因領土廣大且歷史悠久，故歷來所修的方志，在卷帙浩繁的古籍中，佔有很大的比重，爲數相當可觀。據估計，今日存世之中國地方志有八千五百多種，其中宋元方志有四十多種，明代八百多種，清代五千五百多種，民國以來一千五、六百種〔註12〕。另外，我國地方志流傳到海外者不少，亞、歐、美、澳等洲各國均有收藏，尤以日本爲最多，其次是美國，再次是歐洲。方志，其數量之龐大，

<hr/>

〔註7〕見前引王庸，頁129。
〔註8〕見王益厓等，《中國科學史論集》（臺北：（一）中華文化出版事業委員會，1958年），頁85。
〔註9〕見陳正祥，《現代地理學之觀念與方法》（臺北：臺灣商務印書館，1960年），頁236。
〔註10〕見前引宋晞，頁3、163。
〔註11〕見前引宋晞，頁14。
〔註12〕見前引宋晞，頁4。

內容之豐富，特別是記述年代之久遠，在世界上可說是獨一無二的。

　　本文以方志中的地圖作為論述之主題，然如前所述，中國方志浩如煙海，一時無法盡閱，故幾經衡量，決定以明代方志地圖為對象，而對其說明與分析。之所以選擇明代方志地圖，其原因有以下數點：我國方志體例，至宋代始稱完備，郡縣志編纂之風氣亦漸盛；但地方志書之普遍，起於明而盛於清，此點可由其方志數量之多得到證實；加以印刷地圖開始普及，散見於各類方志之中，是自明代起。同時考慮方志數量之多寡，最後選定明代方志，而對其間所包含的地圖著手進行研究。

　　在搜集明代方志地圖為樣本，從事研究其特性前，必須先對臺灣現存之明代方志有一概括性的了解。本文以漢學研究資料及服務中心所編印之《中華民國臺灣地區公藏方志目錄》〔註 13〕為根據，從中揀選出明代所纂之方志。該書收錄目前臺灣地區各學術文化、黨政機構和大學之圖書館（室）或檔案資料室所庋藏之方志，總計四千六百多種，所包括之單位有：國立中央圖書館、國立故宮博物院圖書文獻館、國史館圖書室、中央研究院歷史語言研究所傅斯年圖書館、行政院內政部圖書館、孫逸仙博士紀念圖書館、國立中央圖書館臺灣分館、臺灣省文獻委員會、國立臺灣大學圖書館、國立臺灣師範大學圖書館、私立東海大學圖書館及中央日報社資料室。其中羅列之方志，則包含宋、元、明、清以迄民國後所修纂者。登錄之方式則依我國目前行政區劃分之三十五行省，蒙古、西藏兩地方為統計和編列單位。另外，每一方志之前皆冠修成付梓之朝代帝王年號，其下依次為志名、卷數、首末之附錄、修纂朝代和修纂人，以及刊印年代。

　　根據《中華民國臺灣地區公藏方志目錄》一書，挑選列出之臺灣現存的明代方志共有 646 種，其數碼、成書之帝王年號及方志名稱則依省別見於附錄一中。另外，在抽樣取材的過程中，又發現 4 種該目缺漏未登錄之明代方志，此 4 種方志分別歸屬於安徽、湖北、河南及遼寧四省，同樣地，將之列於附錄一中該所屬省分之最末，惟不加注數碼。由此可得，臺灣地區現存公藏之明代方志至少有 650種。此處，先依照成刊之帝王年號及省分別，對這些明代方志作一粗略的統計，其結果見於表 1-1 及表 1-2 之（1）行。表 1-1 是以帝王年號為範疇，由西元 1368年太祖朱元璋之洪武起排列到西元 1644 年思宗朱由檢之崇禎止，共經歷十七個皇帝，將這些方志一一歸類於所屬之帝王年號，有些方志為殘本或後世輯本，無法

〔註13〕見王德毅、劉靜貞，《中華民國臺灣地區公藏方志目錄》（臺北：漢學研究資料及服務中心，1985 年）。

斷定其真正付梓之帝王年號，則將之歸為一類，結果顯示，萬曆時所修方志最多，共 238 種，次為嘉靖時所修，共 209 種，再次則為正德時之 41 種，崇禎之 37 種和弘治之 31 種，大部分明代方志修纂的完成集中於嘉靖與萬曆之時，此兩皇帝在位時修成之方志，比起明代其他皇帝在位時所修者要多過五、六倍以上，而其總和，更幾乎占所有明代方志的七成強；另外，由表中方志數量的分配也可看出，明代方志之作，後期盛於前期，由圖 1-1 可明顯看出。表 1-2 則以我國目前行政區之劃分為範疇，包括江蘇、浙江等三十五個行省與蒙古、西藏兩地方，統計結果顯示，明代方志的分布以江蘇省的 90 種為最多，其次為浙江省的 66 種，再次則分別為安徽省的 58 種，河北省的 56 種，河南省和福建省的 53 和 52 種，至於貴州省才 4 種，雲南省、遼寧省、察哈爾省和寧夏省頂多也不過 5 種，像西康省、臺灣省、青海省、安東省、遼北省、吉林省、松江省、合江省、黑龍江省、嫩江省、興安省、熱河省、綏遠省、新疆省、西藏地方和蒙古地方等十六個行政轄區則是連一本方志也沒有，由此可見，明代方志的編纂在地域上偏重於中國內地較為發達之區，亦即靠近京城首府之若干省分，由於各方面發展比較完備與快速，方志成書的數量也較多，而某些行省與地方，或為明版圖之邊疆，或根本在明版圖之外，因各項發展都較內地為遲緩，方志之修，或不普遍，或根本就無。換言之，若以江蘇省為中心，距其愈近，則方志之作愈多，反之，則愈少，由圖 1-2 則可明顯看出。

表 1-1：臺灣現存明代方志數量與本研究所引用的方志數量

（按方志成刊之帝王年號編列）

年　　代	明代帝王年號	臺灣現存明代方志數量		本研究引用方志數量	
		數量	%	數量	%
1368～1398	洪　　武	5	0.8	3	1.1
1399～1402	建　　文	──	──	──	──
1403～1424	永　　樂	4	0.6	1	0.4
1425	洪　　熙				
1426～1435	宣　　德				
1436～1449	正　　統	6	0.9	5	1.8
1450～1456	景　　泰	1	0.2	──	──
1457～1464	天　　順	1	0.2	──	──
1465～1487	成　　化	12	1.9	7	2.6
1488～1505	弘　　治	31	4.8	14	5.1
1506～1521	正　　德	41	6.3	11	4.0
1522～1561	嘉　　靖	209	32.2	84	30.6
1562～1572	隆　　慶	25	3.9	13	4.7
1573～1620	萬　　曆	238	36.6	111	40.4
1620	泰　　昌	──	──	──	──
1621～1627	天　　啓	17	2.6	8	2.9
1628～1644	崇　　禎	37	5.7	13	4.7
	年代不詳	23	3.5	5	1.8
	合　　計	650	100.0	275	100.0

圖 1-1：臺灣現存明代方志的刊行年代

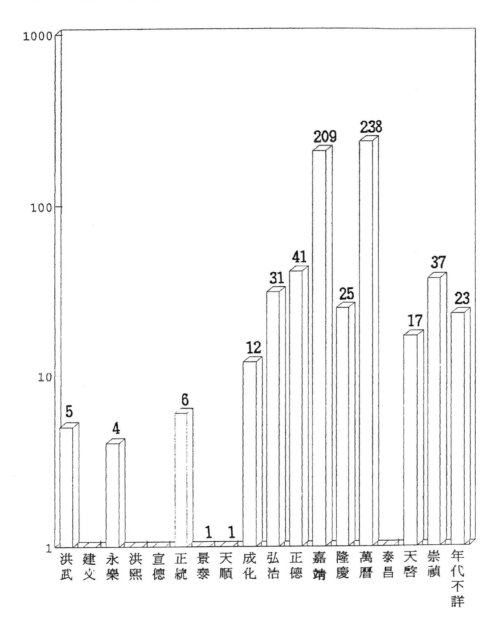

表1-2：臺灣現存明代方志數量與本研究所引用的方志數量

（按方志所屬省分編列）

省　　別	臺灣現存明代方志數量		本研究引用方志數量	
	數　量	%	數　量	%
江　蘇	90	13.6	47	17.1
浙　江	66	10.2	24	8.7
安　徽	58	8.9	41	14.9
江　西	36	5.5	13	4.7
湖　北	25	3.6	5	1.8
湖　南	22	3.4	10	3.6
四　川	9	1.4	2	0.7
福　建	52	8.0	19	6.9
廣　東	31	4.8	6	2.2
廣　西	8	1.2	0	0
雲　南	5	0.8	2	0.7
貴　州	4	0.6	0	0
河　北	56	8.6	39	14.2
山　東	43	6.6	16	5.8
河　南	53	8.2	22	8.0
山　西	32	4.9	11	4.0
陝　西	35	5.4	12	4.4
甘　肅	10	1.5	3	1.1
遼　寧	5	0.8	1	0.4
察哈爾	5	0.8	1	0.4
寧　夏	5	0.8	1	0.4
合　計	650	100.0	275	100.0

圖1-2：**臺灣現存明代方志數量分布圖**（圖中數值表示方志數量）

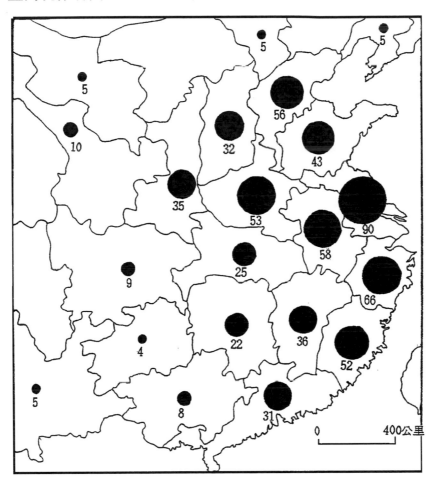

限於時間、體力與金錢，所有明代方志中的地圖不易盡收，因而決定採用抽樣法，從這六百多種方志中，抽取約略百分之四十的數量為樣本，然後以樣本中所包含之地圖來分析研究。為求樣本有較高的可信度與代表性，使用分層抽樣法進行樣木的選取，以使抽取作為樣本之方志，不論在各成刊之帝王年號的分配上，或在各行省的分配上，都同時能與原母體方志之分配大致成一比例。據此，從附錄一所羅列的 650 種明代方志中，共抽閱 275 種，並打上＊號為記，其於成刊之帝王年號和行省別的分配可如表 1-1 和表 1-2 的（2）行所示，雖盡力使之與同表（1）行成比例，然操作上，不易兼顧，以致仍有少許偏誤產生，分別由圖 1-3 和圖 1-4 可看出。本文主要即以此抽閱之 275 種明代方志為樣本，運用說明與統計的方法，對其中所含地圖展開分析與研究。

圖 1-3：本研究引用方志數量的分布（圖中數值表示方志數量）

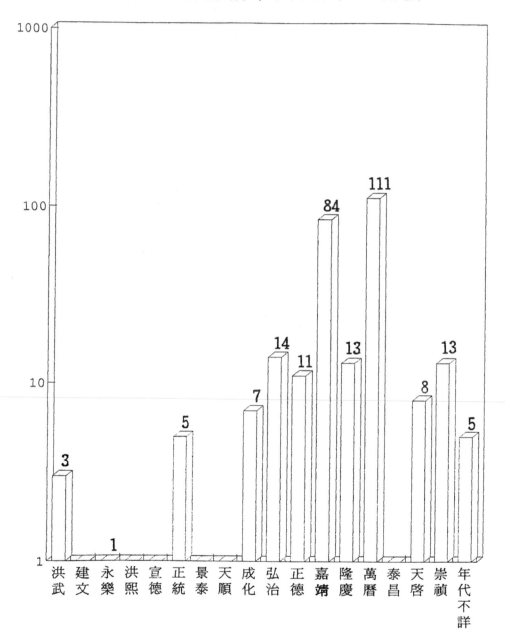

圖 1-4：本研究引用方志數量分布圖（圖中數值表示方志數量）

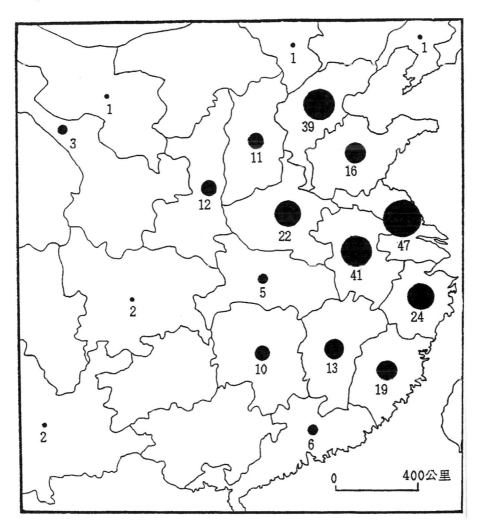

第三節　文獻回顧

　　方志地圖為傳統中國地圖的一部分，其以符號注記描繪一地之事物現象，反映當時之地面實況，是志書中少數非以文字記載者。因其時，科技水平不高，繪法粗略不精，實測地圖較少，普遍以寫景為主，以致成圖甚簡，或有疏漏，也成為早期地圖的特色。深受此種獨特製圖方式的影響，方志地圖雖不甚準確周密，卻仍包含若干地理價值，同時，這繪於幾百年前的方志地圖，今日來看，更具歷史價值，若能取其菁華，去其糟粕，則將成為研究中國歷史地理極寶貴的資料。

　　回顧前人文獻，關於方志地圖專門的研究，猶如鳳毛麟角，並不多見，即便在對方志探討的論述中，常常略而不談，或只是三言兩語，一筆帶過，與方志其他內容相較，僅屬零星散列，附帶一提，無法等量齊觀。為方便下一章對明代方志地圖說明分析的進行，則搜集了幾篇有關前人對某些特定古代地圖的評論，作一簡略的概述與回顧，以其中所言作為研究時之參考。

　　王庸於 1936 年發表「明代輿圖彙考」〔註14〕，是篇所述，僅以明代總輿圖為限。明代輿圖，可謂為朱思本圖勢力所籠罩，至清初康乾以後始消沈。他將明代輿圖彙於一編，並一一詳加考正。

　　章生道於 1974 年發表 Manuscript maps in late imperial China〔註15〕，該文敘述製作於清代之手稿地圖的地圖學特性和評估他們在地圖學史中的地位。許多中國手稿地圖因行政、水利、軍事和意識形態的目的由地方官府所作，當中國地圖學者看似相當滿足許多有限的資訊，他們為了它自身藝術的價值，幾乎完全致力於符號化的完美和地圖設計的視覺效果，中國地圖以特有的方式被指向去提供作用的和觀念的需求，如此精心設計之圖畫式的地圖符號，反映許多不同時期中國人對自然和文化特徵之識覺，這些地圖上許多面積特徵的扭曲和誇大與有些制定的和宇宙論的信仰有關。

　　劉建國與徐鐵城於 1985 年發表「鎮江博物館藏明代絹本南京（部分）府縣地圖」〔註16〕，鎮江博物館藏明代絹本地圖五十餘幅，繪錄的地理範圍包括當時南京的部分府、州、縣、鎮，此文詳細地介紹該圖的體例、用色、內容與圖說。同年，劉建國另外單獨發表「明代絹本南京（部分）府縣地圖初探」〔註17〕，本文試就該圖集的年代、意義及作者諸方面，作些初步探討。

　　程光裕則於 1991 年發表「宋代的地圖學」〔註18〕，通篇簡言宋代地圖學的發展，宋代著名地圖學者製圖之過程與方法、宋代地圖的種類與四幅留存至今完整的宋代石刻地圖。

〔註14〕見王庸，「明代輿圖彙考」，《圖書季刊》，3 卷 1、2 期合刊（1936），國立北平圖書館出版，頁 7～18。

〔註15〕見 Chang Sen-Dou, "Manuscript maps in late imperial China", "The Canadian Cartographer", Vol.11, No.1（1974），pp.1～14.

〔註16〕見劉建國、徐鐵城，「鎮江博物館藏明代絹本南京（部分）府縣地圖」，《文物》，1985 年 1 期（總 344 期），頁 40～47。

〔註17〕見劉建國，「明代絹本南京（部分）府縣地圖初探」，《文物》，1985 年 1 期（總 344 期），頁 48～52。

〔註18〕見程光裕，「宋代的地圖學」，《華岡文科學報》，第 18 期（1991），頁 185～91。

曹婉如曾作 Characteristics in the development of the maps in China's Ming dynasty〔註19〕，論述中國明代地圖發展的特性。其要點包括：明代地圖發展之影響因子、明代地圖的類型及明代地圖發展的符號，最後討論為何明代地圖無法發展到現代的原因。

藉以上幾篇文獻的回顧，有關前人在研究古代地圖時，其所選取的題材，其所陳述的內容，其所使用的方法，其所獲得的結論，都能有進一步的認識和瞭解，而此，對明代方志地圖研究的進展將有不小的助益。

第四節　研究方法

本文主要以我國方志地圖為研究對象，選定明代方志地圖為說明之例，為了能順利進行研究，獲得預期結果，在對這些方志地圖進行研究之前，就必須先擬定研究方法，規範研究的步驟與程序。

研究方法的第一步驟是研讀前人有關文獻，諸如論述關於傳統地圖學史中古地圖特徵分析與歷史意味的書籍報告，凡有利於研究進行，具參考價值者，盡可能地予以蒐集與閱讀，以便釐清各種概念，瞭解當時背景，對所欲研究的主題能有一更深入廣泛的認識。此外，藉前人文章的回顧，視其如何研究分析，並從中挑選出適切有用的方法與資料，則也有助於本文研究程序與分析要點的決定，使本文研究更臻完善。

研究方法的第二步驟是蒐集明代方志地圖，以漢學研究資料及服務中心所編印之《中華民國臺灣地區公藏方志目錄》一書為依據，該目錄羅列六百多種明代方志，主要在國立中央圖書館與中央研究院歷史語言研究所傅斯年圖書館進行查閱，複印所附地圖，作為本文研究的基礎。由於有些明代方志殘破缺漏、模糊不清、查閱不易，加以衡量本身時間、體力與金錢的限制，不易盡收所有明代方志地圖，因而使用分層抽樣方法，從這六百多種明代方志中，抽取約略百分之四十的方志，蒐集各方志所含地圖。

研究方法的第三步驟是對所蒐集的這些明代方志地圖進行探討，採用敘述與分析的方法，研究方志地圖的數量、內容、比例尺、版式、符號、文字、花紋、標題等各項要素，找出各方面重要的特性，以期呈顯明代方志地圖的若干特徵。

〔註19〕見 Cao Wan-Ru, "Characteristics in the development of the maps in China's Ming dynasty", Unpublished paper, pp.1～16.

在說明分析各項要素特性時，盡可能地使用統計圖表來支持論點，並挑選適合的地圖作為說明的範例，以求對明代方志地圖的繪製，能有一更清楚完整的概念。

　　最後，根據上面的敘述與分析，說明明代方志地圖在當今地理學術上的價值，明代方志地圖保存了大量的歷史地理資料，可供後來學者應用，並供歷史地圖編纂設計的參考，進一步闡釋明代方志地圖在現今學術與應用上的價值。

第二章　中國地圖學史與
方志地圖的發展

第一節　傳統中國地圖學簡史

　　地圖是客觀世界的模型，空間信息的載體，是人類在認識自然、改造自然的長期生活中所累積之豐富地學知識的集中反映。地圖既是一種反映自然的特殊形式，也是從事社會經濟等活動所必備的工具，其發展有很悠久的歷史。根據記載，由於生活和活動的需要，原始社會的人類在泥板或石頭上刻劃簡單的形象化符號，用以記載各種事物與表示方向和位置，作為生產或旅行的指針，這就是地圖的起源。距今約四千多年前，古代巴比倫人在陶片上繪製地圖，並運用於生產之中〔註1〕；在中國，地圖的出現也很早，其歷史可追溯到西元三千多年以前，大約在文字尚未創造的古代，有關地圖的一些簡單符號已經出現了，有些象形文字就是地圖符號的原型〔註2〕。地圖的歷史源遠流長，在對明代方志地圖進行研究之前，有必要先對中國地圖學史作一扼要的敘述，瞭解其發展的來龍去脈，將有助於瞭解明代方志地圖在其中所佔重要的地位。為方便論述，可以將傳統中國地圖學發展的歷史，分為七個時期：

一、傳疑地圖時期

　　我國歷史上有關原始社會時期人們製作地圖的傳說，最早可追溯到黃帝時

〔註1〕見盧良志編，《中國地圖學史》（北京：測繪出版社，1984年），序言。
〔註2〕見前引盧良志，頁2～3。

代。相傳黃帝和蚩尤打仗曾使用過指南車，為了作戰的需要，很有可能應用過簡單的地圖。據《世本八種》說，黃帝時代已有表示「地形物象」的地圖〔註3〕。而黃帝時代正與考古發現的仰韶文化（距今約六千年左右）時期相當，由多處發掘之仰韶文化時期的陶缽或甲骨上刻劃著幾何形線條、多種多樣的圖案和圖像，可推估當時根據實際需要而製作出原始地圖是完全可能的。

夏禹時代（西元前三千多年），人們活動範圍不斷擴大，為使到遠方時不致迷路，傳說夏禹從全國各地搜集金屬澆鑄成九鼎，鼎上鑴刻著各州的山川形勢、草木禽獸，可供當時去四方旅行的人參考。此種獨特的「九鼎圖」，具有原始地圖的性質，從某種意義上說，可看成是我國最早的地形圖。《左傳》上有這樣的記載：「桀有昏德，鼎遷於商，載祀六反。商紂暴虐，鼎遷於周」〔註4〕。由於九鼎的輕重遷移與政治息息相關，因此後來的君王都視九鼎為珍寶。九鼎現已不存，在此之後流傳的「山海圖」可能是從「九鼎圖」演化而來的一種地圖，《山海經》則被認為是這種九鼎上地圖的文字說明〔註5〕。

「山海圖」在中國地圖史上，也是一種比較原始的地圖。「山海圖」現也失傳，但從《山海經》文字推測，「山海圖」有兩種：一種是「五藏山經圖」，畫著山水、鳥獸、礦物等，且注記道里方位，顯然具有地圖的形式；另一種是「海內經、海外經及大荒經圖」，專繪神人怪物，已無地圖的意義。由於「山海圖」中有此表示重點不同的兩種圖，在後來的地圖演化中，這兩種原始地圖就產生兩個不同方向的蛻變和發展。前者繼承原始「山海圖」中以地形地物要素為主的圖，拋棄了地圖中關於神鬼傳說等迷信的東西，發展成在軍事、政治、生產上有實用價值的地圖；後者仍以神人怪物要素為主，再加繪一些外國的奇物怪事和風俗習慣等，這類地圖發展到漢代被稱之為「職貢圖」。

周朝立國後，十分重視地圖，地圖的繪製在實際應用中有了顯著的進步。西元前1109年，周公姬旦積極經營東都洛陽，曾把現場占卜的結果及實地勘察所得的洛邑地形圖呈給成王，促其下決心早日在洛河流域修建一個新城〔註6〕。這說明大約在三千年前，我國繪製的地圖，已能清楚地表示一個地方的地理特點，在建築都城時，可根據地圖選擇地域和確定方位。洛邑圖雖然是一幅用於城市建設的地圖，但仍帶有原始地圖的特徵，具有濃厚的迷信色彩。不過，儘管如此，它在

〔註3〕《中國地理史話》，（台北：明文書局，1983年），頁116。

〔註4〕《左傳・宣公上》，引自盧良志，《中國地圖學史》，頁5。

〔註5〕《中國地理史話》，（台北：明文書局，1983年），頁9。

〔註6〕見金瑾樂　孫達　林增春編著，《地圖學》（北京：高等教育出版社，1987），頁12。

地圖史上仍是一個偉大的貢獻，因為這是我國地圖史上第一個具有實際用途的城市建設規劃圖。

二、春秋、戰國時期

春秋戰國（西元前 770～前 221 年）時代，諸侯各國出於政治、經濟、軍事和喪葬各方面的需要，針對不同的用途製作了各種地圖，如土地圖、礦產圖、兆域圖等。

因為地圖具有明確表示疆域田界的作用，所以從周朝開始，就被統治者做為封邦建國、管理土地不可缺少的工具。如因地界發生爭執，便可到專管圖籍的官吏處，依圖為據，解決爭執。《周官》中所說的：「地訟，以圖正之」〔註7〕，就是講地圖在這方面的作用。因為土地分界圖有助於解決土地糾紛的問題，故掌管這類圖籍的官員也就普遍受到人們的尊敬。春秋末期（西元前四世紀），《論語‧鄉黨》說：「式負版者」〔註8〕，證明連孔子遇見「負版者」，也要下車行禮，表示敬意。因土地地圖具有明疆定界、安邦立國的作用，所以，土地圖一經產生，便對生產和社會的發展有一定的促進作用。

戰國時代（西元前四世紀至西元前二世紀），不僅有了種類繁多的地圖，有關地圖的論述也不少。《管子‧地圖篇》，特別指出地圖在用兵中的重要作用：「凡主兵者，必先審知地圖，轘轅之險，濫車之水，名山、通谷、徑川、陵陸、丘阜之所在，苴草、林木、蒲葦之所茂，道里之遠近，城郭之大小，名邑、廢邑、圍殖之地，必盡知之。地形之出入相錯者，盡藏之。然後可以行軍襲邑，舉措知先後，不失地利，此地圖之常也」〔註9〕。這段有關地圖內容的議論，包括自然景象和社會建設，把軍事地圖所需反映的地形、地物、距離、城郭、經濟狀況等要素，刻劃得非常透徹。

春秋以降，各國戰爭頻繁，小國覆滅，而大國疆土日擴；其用兵行政之際，必各有地圖為依據，自可斷言。故《戰國策‧趙策》中，蘇秦游說六國合縱抗秦時，提及「臣竊以天下之地圖案之，諸侯之地，五倍於秦」〔註10〕。可見當時已有一種標明各國國界的政區圖，蘇秦才能做出這樣的估計。著名軍事家孫武在所著《孫子兵法》中有九卷附圖；著名軍事家孫臏所著《孫臏兵法》中也有四卷附

〔註 7〕《周官‧地官》，引自盧良志，《中國地圖學史》，頁 11。
〔註 8〕《論語‧鄉黨篇》，引自金瑾樂等，《地圖學》，頁 12。
〔註 9〕《管子‧地圖管》，引自盧良志，《中國地圖學史》，頁 12。
〔註 10〕《史記‧蘇秦列傳》，引自盧良志，《中國地圖學史》，頁 22。

圖。至於《史記·刺客列傳》，則傳記燕國荊軻利用地圖在軍事和政治中的重要作用和價值，以獻督亢地圖為名，企圖刺殺秦王的故事。說明自古以來，奉獻地圖往往是表示降服或歸附，所謂獻圖猶如獻地；更表明在西元前二百多年，地圖已廣泛成為我國政治鬥爭、軍事作戰和行政管理中一項頗為重要的工具。

戰國時，地圖在墓葬陵堂的規劃中也有廣泛的應用。西元 1975 年，在河北省平山縣戰國中山王瞿的墓中發掘一塊銅版地圖，稱為「兆域圖」（圖 2-1），長 94公分、寬 48 公分、厚約 1 公分，用金絲銀鏤搓成線描劃符號和文字鑲錯在銅版中；是墓穴建築規劃平面圖，圖上有墓穴位置，墓穴由墓道相連，標出了它們之間的相互關係。中山王墓出土的兆域圖，在中國地圖史上有著極為重要的意義：其一，它是迄今所看到我國最早的一幅平面建築圖，據考證，該圖距今已有 2200 多年歷史；其二，「兆域圖」上各個建築物的相對位置均標有尺寸，如「王堂方二百尺」、「王、后兩堂間百尺」等等，說明此圖是按一定的比例尺繪製的；其三，按圖上中山王的詔書，揭示出古代建築管理是有一整套嚴格的程序和制度。

圖 2-1：「兆域圖」銅版銘文摹本（採自盧良志，《中國地圖學史》，頁 15）

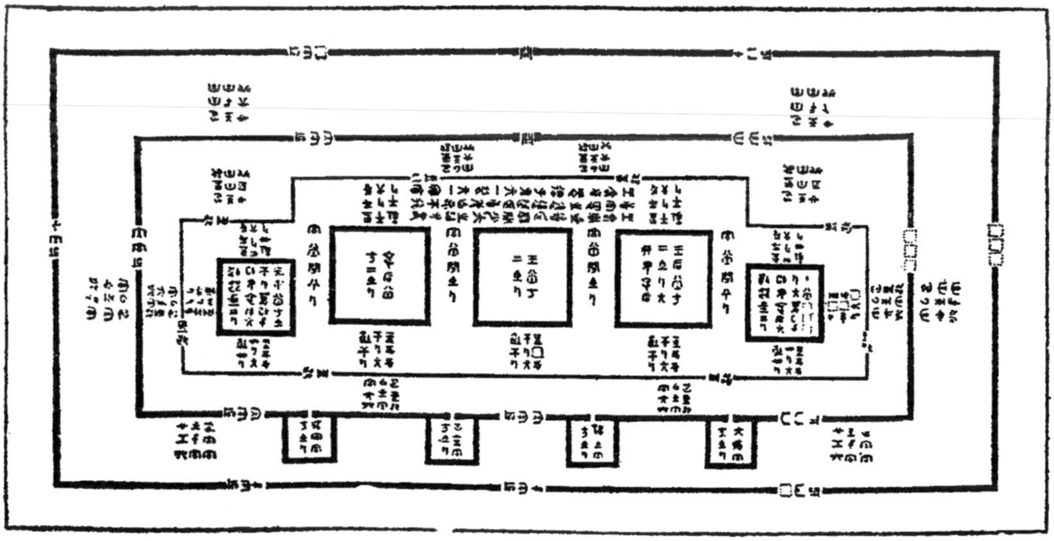

三、秦漢地圖與馬王堆帛繪地圖

秦滅六國（西元前 221 年），統一全國後，席捲各國之圖籍，而入關中。但劃分郡縣、管理經政、修築長城、建設道路、開鑿運河及興修水利等，都需要地圖，原先由六國搜集來的舊圖，不敷使用，測繪新圖，勢在必行，因而又勘測和繪製大量地圖。由於秦始皇相當重視地圖的製作和收藏，儘管秦王朝的統治只有二十

多年，漢滅秦時，秦地圖的數量已很可觀。劉邦打進咸陽時，漢相蕭何進城接收了不少秦圖籍，藏於石渠閣，並利用這些地圖輔佐劉邦管理漢王朝〔註 11〕。據估算，這批秦地圖大抵散失於董卓和崔汜之亂〔註 12〕。

　　漢代雖得秦圖籍，而政治區域與名稱或有變更，自必另繪新圖，以應新政之用。其封建諸王，不僅按圖而定區域，又必例奏輿地圖。兩漢時期，已有了簡單的測量工具和測算學，可測定高、遠、深、寬，計算較複雜的面積和體積；天文學方面出現張衡的渾天儀，造紙術也在這時期問世，這些發明和創造對地圖製作技術的發展有直接的影響，促進了地圖測繪事業。西漢張騫出使西域三十年，曾到大宛、康居、大月氏等國，獲得西域諸國豐富的地理知識，繪製了若干西域地圖。東漢時，出現馬援的「聚米為山谷，指畫形勢」〔註 13〕的簡單立體地圖模型。

　　由於漢代以後的長期戰爭，以及地圖摹繪困難和不易保存等等原因，致使史籍記載的許多著名地圖在西晉前就已散佚，流傳存世的極少。西元 1973 年 12 月，在發掘湖南長沙馬王堆三號漢墓時，發現了兩千一百多年前繪在帛上的三幅彩色地圖，按其內容判斷，這三幅地圖分別為地形圖、駐軍圖和城邑圖。

　　地形圖（圖 2-2）是圖幅 96 公分見方的正方形地圖，所示方位為上南下北左東右西，原圖上未標圖名，亦未標注比例尺和繪製年代等任何文字說明。包括的地區大致為東經 110°～112° 30'，北緯 22°～26° 之間，相當於今天廣西全州、灌陽一線以東，湖南新田、廣東連縣一線以西，北至新田、全州以南，南達廣東珠江口外的南海（圖 2-3）。地圖主區為當時長沙國的南部，即今湘江上游第一大支流瀟水流域、南嶺、九疑山及其附近地區。主區內容較詳，而鄰區西漢諸侯南粵王趙佗的轄地則較簡略，給人「主區詳，鄰區略」之感。圖中雖無標明比例尺，但經勘對推算，知其主區的比例尺約為一寸折十里，即 1：18 萬分之一。圖中內容包含山脈（地貌）、河流（水系）、居民地、道路（交通網）等，正是現代地形圖之基本要素。

　　山脈採用閉合曲線的形式，勾出山體的輪廓及範圍，表示山脈的座落及走向。曲線裏加劃橫細線或渦紋線，前者表明分水界線，後者表示主峰所在。九疑山以俯視和側視相結合的方法表現峰巒起伏的形態，並向南劃了九個柱狀符號，以示九峰。而這種立體投影的閉合曲線有點近似於現代的等高線法。

〔註11〕見陸權　喻滄主編，《地圖製圖參考手冊》（北京：測繪出版社，1988 年），頁 35。
〔註12〕見前引盧良志，頁 22。
〔註13〕《後漢書、馬援傳》，引自盧良志，《中國地圖學史》，頁 25。

圖 2-2：長沙馬王堆三號漢墓出土地形圖（複製圖）

（採自盧良志，《中國地圖學史》，頁 28）

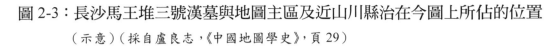

圖 2-3：長沙馬王堆三號漢墓與地圖主區及近山川縣治在今圖上所佔的位置
（示意）（採自盧良志，《中國地圖學史》，頁 29）

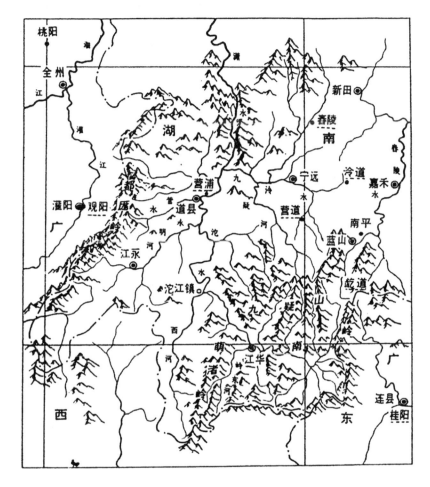

　　河道採用從上源至下游由細逐漸變粗的線狀符號，共表示大小河流三十多條，其中有九條標注了名稱。水系主、支流關係明確，彎曲自然生動、交匯口圖形正確，河流與地形的關係處理得當。而且冷水札淶水在河的發源地還注有「原」字。同現代地圖比較，其整個水系骨架、河流流向及河道彎曲大體相似。

　　居民地共表示八十多個，按等級分爲兩級，其中縣城八個，鄉里七十四個。兩級居民地符號不同，縣城用矩形符號，鄉里用圈形符號，符號大小不等。居民地名稱一律注在符號內，這種方法更易判讀而不至混淆。

　　可判讀出的道路約二十多條，除表示縣城間的道路外，還表示重要鄉里間的道路及山間小路，並以實線和虛線符號相區別。

駐軍圖（圖 2-4）長 98 厘米，寬 78 厘米，是用黑、朱紅、田青三色彩繪的軍事地圖。圖的上方標有「南」，左方標有「東」字，指示圖的方位是上南下北。其範圍位於同時出土地形圖的東南部分（圖 2-5）。主區在大深水流域，相當於今湖南省江華縣的瀟水流域一帶，方圓約五百里。比例尺大致是 1：8 萬分之一至 1：10 萬分之一左右，比地形圖約大一倍。圖中文字標注方向不一，便於四面圍觀。此圖反映漢初長沙諸侯國軍隊守備作戰的兵力部署情況，描繪九支駐軍的駐地、防區界線、指揮城堡等。圖中以黑底套紅勾框標出部隊駐地、工事和要塞；用黑色圓圈標出居民地；用紅色虛線表示交通路線；以紅色三角形標出各支駐軍的指揮中心；又用紅線表示防區界線等等。圖內把駐軍的情況表示在第一層平面，而把河流等地理基礎用淺色表示在第二層平面，是主題鮮明、層次清楚的一幅主題地圖。

圖 2-4：長沙馬王堆三號漢墓出土駐軍圖復原圖

（採自盧良志，《中國地圖學史》，頁 34）

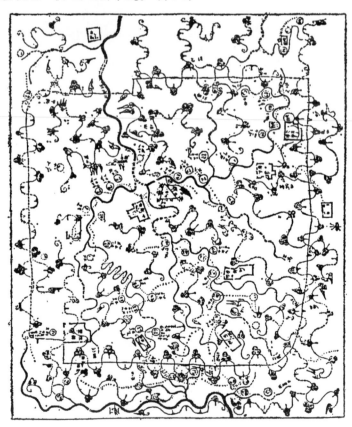

圖 2-5：駐軍圖在地形圖上所佔部位（示意）

（採自盧良志，《中國地圖學史》，頁 35）

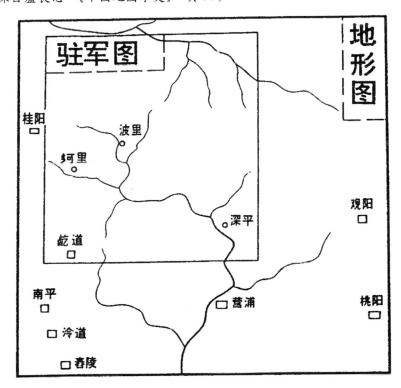

　　城邑圖出土時已嚴重殘損，其圖幅面不大。圖上無文字，繪有城垣範圍、城門堡、城牆上的樓閣、城區街道、宮殿建築等。用藍色畫出城門上的亭閣，用紅色雙線表示街坊庭院。城內街道區分主要街道和次要街道兩級，其寬窄不同。宮殿、城堡等均繪以象形符號。因缺少文字說明，無法推斷所表示城邑的名稱。

四、西晉裴秀的製圖六體

　　西晉裴秀（224～271），從年輕時開始，相繼在魏、晉朝廷做官，並隨司馬昭出征淮南，在行軍和用兵的過程中，獲得了豐富的地理知識，並且認識到地圖在軍事上的重要性。晉武帝（司馬炎）時，晉升爲司空，同時擔負「地官」的職務，負責管理全國的地圖和戶籍，爲其創立新的製圖理論提供有利的條件。他曾將漢朝的全國地圖「天下大圖」以一寸折百里（約當 1：180 萬分之一）的比例尺，縮編成小比例尺的晉代全國圖「地形方丈圖」。又以《禹貢》爲依據，對當時的山川大勢及人文情況作了查核，繪製成「禹貢地域圖」十八篇。在該圖的序文中，他

總結前人和自己的製圖經驗，提出「製圖六體」的繪圖原則。所謂「製圖六體」就是分率、準望、道里、高下、方斜及迂直。分率表示地圖的縮小程度，即比例尺；準望即方位，以確定地圖各部分之間的相對位置；道里指距離，即兩點之間的路程；高下、方斜、迂直則指路程有高低、方斜、曲直的不同，爲求得兩地間的水平直線距離，必須因地制宜，如：高（AB）取下（AC）（圖 2-6），方（DEF 或 DGF）取斜（DF）（圖 2-7），迂（MPOQN）取直（MON）（圖 2-8）。這六體間有著相互聯繫、相互制約的關係，在繪製地圖時是缺一不可的六個方面。裴秀「製圖六體」原理的提出後，直至明末的 1400 年間，一直是我國繪製地圖所遵循的理論基礎。

圖 2-6：高下的圖解：以高取下（採自金瑾樂等，《地圖學》，頁 15）

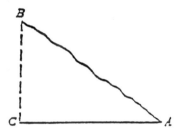

圖 2-7：方斜的圖解：以方取斜（採自金瑾樂等，《地圖學》，頁 15）

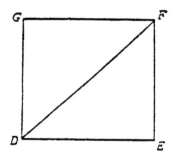

圖 2-8：迂直的圖解：以迂取直（採自金瑾樂等，《地圖學》，頁 15）

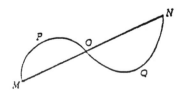

五、隋唐地圖的發展

　　晉代以後，因五胡亂華之故，圖籍散失者多，而文字多於圖繪之圖經代之以興。隋代的圖志圖記以文字爲主，圖少志多，地圖變爲志和記的附庸。如郞茂編撰之《隋諸州郡圖經》一百卷，虞世基等修撰之《隋區宇圖志》一千二百卷，以及裴矩所著之《西域圖記》三卷皆是，圖志圖記在這時期，在地圖測繪中，占著極重要的地位。

　　唐代初年，因疆域擴大、經濟交流、文化交往和軍事征戰的需要，除了對中原地區地圖的編繪重視外，同時對外域屬國地圖的收集也很留意。王玄策以實際見聞，撰寫《中天竺國行紀》十卷，附圖三卷，許敬宗編撰《西域圖志》六十卷。

　　唐貞觀十年（636）將全國分爲十道，各道造送的地圖編製成「十道圖」。據載，唐代有三種卷本的「十道圖」：第一種是長安四年（704）「十道圖」十三卷，第二種是開元三年（715）「十道圖」十卷，第三種是元和八年（813）「十道圖」十卷，由唐朝宰相李吉甫編繪。「十道圖」沿用到北宋初年，凡考核戶口、俸給、刑法以及賦役之類都賴以爲根據。

　　李吉甫（757～814）是唐代著名的地理學家兼地圖學家，其著作以書爲主，以圖爲附，除「十道圖」外，還有「河北險要圖」、「淮西地圖」、「元和郡縣圖志」等，這些都是唐代具有代表性的圖志。

　　唐代的地圖製作，由賈耽集其大成。賈耽（730～805）也是唐代傑出的地理和地圖學家，其地理著作以圖爲主，以書爲附，主要有「關中隴右及山南九州等圖」一軸，又撰《別錄》十卷，以爲該圖注解；「海內華夷圖」一軸，和其說明《古今郡國道縣四夷述》四十卷；還有《地圖》十卷、《貞元十道錄》四卷及《皇華四達記》等。其中「海內華夷圖」繪成於西元 801 年，這幅圖寬三丈，高三丈三尺，有一寸見方的網格，計里畫方，一寸折百里，注重外域和地理沿革考證，圖上古地名用墨色標誌，今地名用朱色標誌，其內容豐富，位置準確，可惜原圖現已失傳，但參照史料記載和南宋時刻石的「華夷圖」和「禹迹圖」，可推知「海內華夷圖」的大致面貌。據研究，「華夷圖」和「禹迹圖」很可能都是參照賈圖繪製的。

　　隋唐，另有一種地圖，似與普通官府地圖來源不同者，曰「方志圖」（或方域圖）。此種地圖，與道教及曆法家有關，如李淳風父子所撰「方志圖」。這種帶有地志性質的地圖，雖畫有山川河流，但不同於一般地圖，在中國地圖史上有其特殊性。

六、宋代地圖學的成就

宋代，圖記和圖志逐漸向無圖純文字的「方志」發展，出現全國性的「地志」。而地圖學也比唐代更為進步，除全國圖、外域圖、邊防圖外，還有山川、水利、交通、都會等圖，前者可視為現代的一般地圖，後者則為現代的主題地圖。地圖繪製不僅用紙和帛，且出現木刻的地形圖和石刻的平面圖。

太宗淳化四年（993）完成的「淳化天下圖」，是宋王朝依各州縣繪製本區地圖，於統一後不久編成的第一幅規模巨大的全國總輿圖，現已不存。

「華夷圖」（圖 2-9）相傳是宋遼人因襲唐代賈耽的「海內華夷圖」縮繪刻在石碑上，石碑長寬皆三尺餘，不畫方格，圖名刻在上方的中央，四邊注東西南北方向，圖上繪有河流、湖泊、山脈、長城以及州府名稱，圖的四周，則記載邊境國家的名稱及其沿革。

「禹迹圖」（圖 2-10）是我國迄今發現的最早的「計里畫方」地圖，其橫方 70，豎方 73，共計 5110 個方格，每方百里，製圖區域範圍比「華夷圖」小，著重表示水系。

南宋紹定二年（1229），平江（今蘇州）郡守李壽明主持在石埤上刻繪一幅城市規劃地圖「平江圖」（圖 2-11），此圖以我國古代傳統的地圖畫法，即平面與立面形象相結合的手法，描繪城市的結構布局與各種建築物，反映我國古代南方水鄉城市規劃和建設的高度成就，是我國現存的最完整的一幅古代城市規劃圖。

「地理圖」（圖 2-12）是一幅石刻中國總輿圖，圖碑高六尺七寸，上寬三尺一寸五分，下寬三尺二寸五分。此圖為黃裳所繪，於南宋理宗淳祐七年（1247）由王致遠上石。圖上不畫方格，山脈採用傳統寫景法，增加其立體感覺，在大興安嶺南繪有五十多個森林符號，並標注「平地森林，廣數千里」，還表示了海岸線和河流，所有州名、山名均加方框，所有水名皆套有橢圓形圈，以資醒目。

由於宋代疆土，較唐代為小，往昔邊地，淪為異域，為維持宋室的統治，故宋代時存收復失地之念，是以邊裔圖特多，而尤以契丹與幽燕一帶為主。由邊裔圖之多寡詳略，也可略現宋對外域之輕重關係。

雖然表示的地物較多，但能把直觀的寫景與抽象的平面符號相結合，將複雜的內容在層次上加以區別，使得圖內各要素多而不亂。

圖 2-9：華夷圖（採自金瑾樂等，《地圖學》，頁 15）

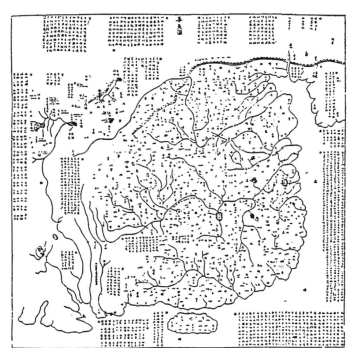

圖 2-10：禹迹圖（鎮江）（採自金瑾樂等，《地圖學》，頁 16）

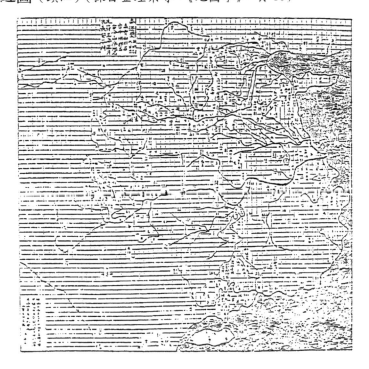

圖 2-11：平江圖（局部）（採自陸權等，《地圖製圖參考手冊》，頁 44）

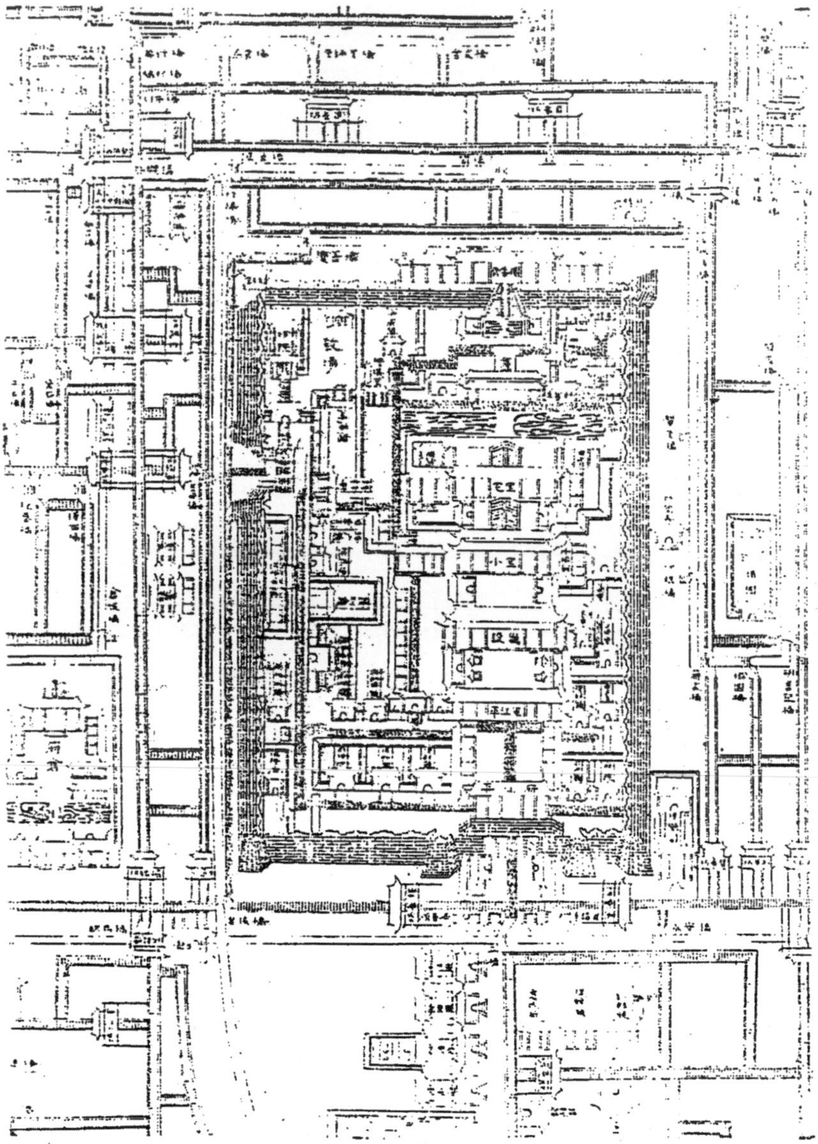

圖 2-12：地理圖（採自陸權等，《地圖製圖參考手冊》，頁 45）

　　此外，還有景德的「山川形勢圖」、晏殊的「十八路州軍圖」、趙彥若的「十八路圖」、沈括的「天下州縣圖」、王象的「輿地圖」。其中，值得一提的是北宋博學多才的科學家沈括（1031～1095），除「天下州縣圖」（即「守令圖」）以二寸折地百里，二十四至定方位，繪畫了山川形勢、道路郡縣、河渠變遷及新拓疆土外，他還在根治汴渠時進行過八百四十餘里的水準測量；利用木屑、漿糊、熔蠟及木刻等製作地形立體模型；並在長期實踐中發現磁針偏角現象。

七、元代地圖學的成就

元代在地圖學方面的主要表現有：郭守敬提出「海拔」高程的概念；札馬魯丁的地球儀製造；朱思本「輿地圖」的繪製成功。在這些成就中，朱思本尤為重要。

元代朱思本（1273～1333），江西臨川人，曾周游天下，考察地理，研究都市沿革，訂正山河名稱，隨地為圖。他從實地考察中積累豐富的地理知識，又參考古今地圖和文獻，花了十年（1311～1320）時間完成「輿地圖」的編纂。他先編繪地方分圖，經出訪屬國的使者核對後，再編成全國地圖。圖長廣各七尺，採計里畫方之法，對如西北荒漠和東南海域等資料缺、考察少的區域，寧缺勿濫，暫不編入。此圖曾以摹本和碑刻的形式，多次被摹繪翻刻，然皆已失傳。明嘉靖年間，「輿地圖」為羅洪先改編增補為「廣輿圖」，廣為流傳，並影響以後兩百多年地圖的發展。

八、明代地圖和西方製圖技術的傳入

明滅元後，為防北方蒙古族騷擾之患，對東起鴨綠江，西抵嘉峪關的「九邊」繪製各種軍事圖籍，主要有《九邊圖論》、《九邊圖說》、《九邊圖志》、《九邊圖》、《北方邊口圖》等，這些圖籍的內容一般採取一圖一論的敘述方式，側重表示兵馬、糧草、地形險易等軍事必須情況。明朝還為抗擊倭寇而編製各種海防圖和江防圖。海防圖除陳祖綬在「皇明職方地圖」中有「海防圖」一幅，潘光祖《輿地圖考》十八卷中有「海防圖」三幅外，尚有胡宗憲撰《籌海圖編》十三卷。江防圖在吳學儼等人編的《地圖綜要》中已有，但現存最完整的江防圖，要數《鄭開陽雜著》中的「江防圖」（圖 2-13），該圖從今江西瑞昌開始，由西往東，直繪到今上海市金山縣，共計四十八幅。除用水波表示長江外，山脈採取正面投影形象表示，居民地採取象形符號表示，都城城牆採垂直與水平投影方法繪製。這些海防圖和江防圖都由茅元儀收入《武備志》中。

此外，受元朱思本地圖的影響，在明代地圖發展中，出現了羅洪先、陳祖綬等著名的地圖學家，他們取材於朱思本的「輿地圖」或導源於其製圖方法，分繪「廣輿圖」和「皇明職方地圖」等大型地圖集。

羅洪先（1504～1564），江西吉水人，他以朱思本的「輿地圖」為藍本，在朱圖基礎上增繪邊遠地區及朝鮮等，按一定的分幅辦法，改製成地圖集形式，約於西元 1541 年編修成「廣輿圖」（圖 2-14），是我國前所未有的一部大型地圖集。該

圖列出二十四種地圖符號圖例（圖 2-15），很多已走向抽象化，在我國地圖學史上是一重要的進步。由於採用刻版地圖集的形式，不僅便於攜帶查閱，且便於翻刻複製，前後刊印六次之多，流傳廣，影響甚大。

圖 2-13：茅元儀《武備志》中的《江防圖》(局部)

（採自盧良志，《中國地圖學史》，頁 121）

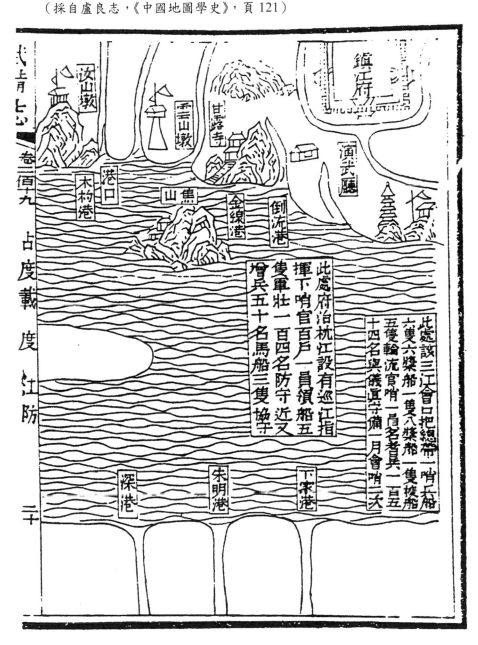

圖 2-14：廣輿圖（採自盧良志，《中國地圖學史》，頁 102～103 間）

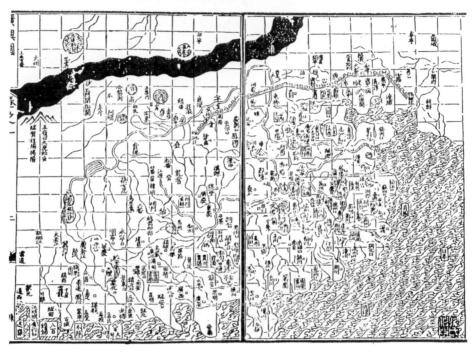

圖 2-15：《廣輿圖》的二十四種點符號（採自陸權等，《地圖製圖參考手冊》，頁 50）

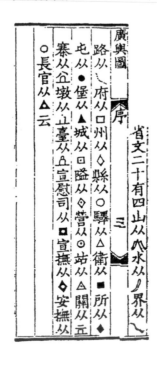

　　陳祖綬，曾參閱國家所藏舊圖籍和地理書籍，其中尤對朱思本的「輿地圖」和羅洪先的「廣輿圖」研究最詳，並在此基礎上，於西元 1635～1636 年編成「皇明職方地圖」三卷。他認爲山川郡縣在地圖上都是不可不備的要素，並主張不可忽略邊塞要素與失陷邊鎮。「皇明職方地圖」重視軍事要素的繪製，在地名注記上一律按萬曆以後名稱沿革進行注記，並把「廣輿圖」中的日本圖代之以「日本入寇圖」。

　　受朱思本「輿地圖」影響的明代地圖作品還有許多，如汪作舟的《廣輿考》二卷，程道生的《輿地圖考》六卷，吳學儼等撰的《地圖綜要》三卷，及潘光祖的《輿地圖考》十八卷。

　　明代地圖發展中，另一重大貢獻，則是鄭和下西洋繪製的航海地圖。鄭和（1371～1435），雲南昆陽（今晉寧）人，從永樂三年（1405）到宣德八年（1433）的 28 年間，曾七下西洋，歷 37 國，最南到了爪哇，最西到了非洲東岸。每次航行都有航行記錄，鄭和與其助手王景弘依此匯編成「鄭和航海圖」（圖 2-16）。該圖載於明茅元儀編輯的《武備志》中，原名「自寶船廠開船從龍江關出水直抵外國諸番圖」，書中海圖共二十四頁，序一頁，地圖二十頁，過洋牽星圖二頁，空白一頁。原圖按一字展開式繪製，收入《武備志》時改爲自右至左的書本式。全圖以南京爲起點，最遠達非洲東岸肯尼亞（Kenya）的曼八撒（Monbasa, 今譯蒙巴薩），即南緯四度左右的地方，包括亞、非兩洲，地名五百餘，其中本國地名約占二百。圖上詳細記錄開船時間、航行方向、航程遠近、停泊地點、淺灘和礁石分布等。它不採用傳統的方格法，而用形象的對景圖法，只要把繪在圖上的山形、地物與沿途實地景物一一對照，即可判斷自己所處的位置和正確選擇航向，與歐洲古代的 Portolan 海圖不同，也不同於現代的海圖。總之，鄭和航海圖不愧爲我國古代地圖史上眞正航海圖〔註 14〕。

　　明末，歐洲一批耶穌會士，利用西方新興的自然科學技術爲手段，到我國沿海和腹地展開傳教活動。在這批教士中，意大利傳教士利瑪竇（Matteo Ricci, 西元 1552～1610）以製作地圖最先在中國打開局面。從此，西方繪圖技術輸入，新製圖法在中國開始傳播。

〔註 14〕見李約瑟著　陳立夫主譯，《中國之科學與文明》，第 6 冊，（臺北：臺灣商務印書館，1975 年），頁 158。

圖 2-16：鄭和航海圖（採自盧良志，《中國地圖學史》，頁 168）

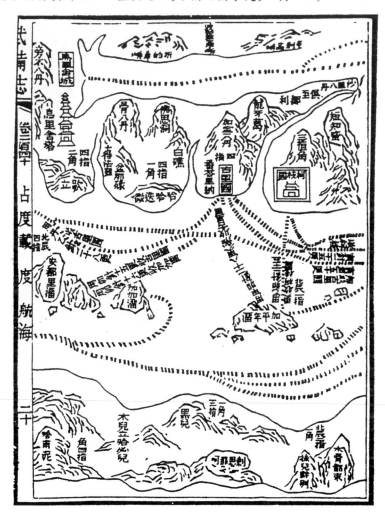

　　利瑪竇來中國後，除進行傳教活動，還從事測量、天文、數學的傳播工作。
他與李之藻、徐光啓結合，推展西方科學文化，其譯著有：《幾何原本》、《測量
法義》、《測量異同》、《勾股義》、《圜容較義》、《同文指算》、《乾坤體義》、《經天
說》等。利氏每到一處均進行經緯度測量，然後用測定的點，把中國舊圖改爲有
經緯線的西式地圖，此外還利用中國和西方地圖資料繪製世界地圖。介紹給中國
的第一幅世界地圖於萬曆十二年（1584）在肇慶繪製成圖，名爲「山海輿地圖」，
該圖置中國於不顯眼的角落，面積亦不大，引發國人不滿的情緒，故在後來的世
界地圖繪製中，將地圖上第一條子午線（經過加那利群島 Canary Islands）的投影
轉移，把中國繪在圖的正中。萬曆二十三年（1595），他繪贈建安王多爀一幅世

界圖誌。隔年，又爲南昌知府王佐等繪了幾幅。萬曆二十六年（1598）夏，趙可懷於蘇州將「山海輿地圖」摹鐫上石。之後，利瑪竇又爲吳中明重新修訂「山海輿地圖」，該圖較前圖更大，注釋更詳。萬曆二十八年（1600），又獻給神宗《萬國圖志》一冊。次年，馮應京刊印利瑪竇的書，其中有「世界地圖二小圖」，實爲東西兩半球圖。萬曆三十年（1602），利瑪竇對世界地圖進行增補，並作較詳的序，此增補版由李之藻刊印。後來天主教徒李應試在利氏幫助下製作一更大的「坤輿萬國全圖」，分成六幅，共十八張，圖上有不少文字說明，並訂正了過去西方人所繪地圖上中國部分的錯誤。

　　除上述外，利瑪竇對我國新地理知識之影響還有：五帶之劃分、五大洲之觀念、新地理知識之傳入及外國地名之譯定。他的這些貢獻打破中國傳統的繪圖成規，促使中國地圖繪製技術產生新的變革。

九、清代地圖的測繪

　　清康熙皇帝，從十六歲親政起，先後消滅吳三桂等割據勢力；出兵攻滅臺灣鄭氏政權；平定準噶爾部和藏族的叛亂；抵禦沙俄對我國黑龍江流域的侵略。在南征北討中，地圖發揮了重要作用，但同時，也暴露不少問題：有些地圖未經實測，粗略模糊，不能應用；有的地圖測繪不精，內容不詳，不合要求。因此，康熙帝感覺到測繪新地圖的必要性。

　　康熙四十七年（1708），正式展開全國經緯度和三角測量，以按西法測繪各省圖籍。除新疆和西藏外，全國各地都分派西洋教士前往測量。康熙五十七年（1718），由法傳教士杜德美（Pierre Jartoux）照實測資料編輯圖集，完成關內十五省及關外滿蒙各地地圖，名曰「皇輿全覽圖」。此圖比例尺約爲 1：1,400,000，以實測所得的 630 個經緯點爲依據，採用地圓理論爲基礎的梯形投影法，在圖上繪出經緯網。這次全國大地測量，「皇輿全覽圖」的繪製，同時使尺度單位統一，且爲地球扁圓說提供最早的實證。

　　康熙五十六年（1717），爲製作西藏地圖，曾派人隨軍進藏，進行測繪，但因圖中無經緯線，不合使用。故同年，再派曾於欽天監學數學測量之喇嘛楚爾沁藏布、蘭木占巴和理藩院主事勝住入藏測繪，此次正式標出世界第一高峰的位置，命名爲珠穆朗瑪山，這比印度測量局的華夫（A. Waugh）命名爲埃佛勒斯峰（Mt. Everest）要早 135 年。

　　乾隆二十年（1755），已先後擊敗準噶爾與回疆，派專人隨軍測繪，調查地理，著手新疆地圖的製作。乾隆二十七年（1762），何國宗與劉統勛據測繪資料縮編成

《西域圖志》一書。乾隆四十七年（1782），又經一批官員對西域圖志整理增補，成爲《欽定皇輿西域圖志》五十二卷。

後來，西洋教士蔣友仁在「皇輿全覽圖」的基礎上，增加新疆、西藏新測繪的資料，編製成「乾隆內府輿圖」，又稱「乾隆十三排圖」。該圖比例尺約爲 1：400,000，圖幅較之「康熙皇輿全覽圖」增加一倍以上，北至北冰洋，南抵印度洋，西達波羅的海、地中海和紅海，這無疑是當時最完善的亞洲大陸全圖。

「皇輿全覽圖」、「乾隆內府輿圖」分別被當時的統治者秘藏於瀋陽、北京宮內，僅少數官員可見，直到同治二年（1863）由鄒世治、晏圭齋據「乾隆內府輿圖」改編成「大清一統輿圖」，才得到公開發行。

乾隆以後，逐漸採取消極保守的閉關鎖國政策，從而導致清政府中後期發展緩慢，科學文化進步不大。在地圖學方面，中國傳統的製圖法這時東山再起，許多地圖西式中式混用，有的索性放棄西式經緯度製圖法。在這個倒退中，所繪地圖的質量都不高。

清朝末年，資本主義傳入中國，開辦工廠、礦山、興建新軍過程中，迫切需要詳細的地圖。另外，帝國主義趁機對中國進行侵略和掠奪，爲對付其侵略也需較詳的地圖和地圖集。因此，同治年間提出編製「大清會典輿圖」，進行一次全國性測繪省圖集的工作，但眞正開始工作是在光緒十二年（1886）北京建立會典館後。由於各省測繪人才多少不均，造詣深度不同，故成圖後，各省地圖的內容詳細與眞實程度差別很大。清末這次省地圖集編繪，計里畫方製圖法與經緯網製圖法混用，傳統地圖符號與現代地圖符號混用，因而，可視爲是中國傳統古老的製圖法向現代製圖法轉變的標誌。

我國採用新法（即經緯度製圖法）繪製的第一部世界地圖集，是清末魏源編製的《海國圖志》。該書以《四洲志》爲基礎，旁徵博引其他古今中外資料，系統地介紹世界各國地理位置、歷史變革等史地知識及各國氣候物產、交通貿易、民情風俗、文化教育、對外關係、先進生產技術、戰艦火器等，圖文並茂，共三種版本。全地圖集共繪地圖七十四幅：歷史沿革圖八幅，在繪製方法上，沒有採用經緯度和計里畫方，均爲示意性表示。歷史沿革圖後，是東西兩半球圖，魏源稱之爲地球正面背全圖（圖 2-17）。兩半球圖後，是各大洲圖及各大洲所括國家分圖，在繪製方法上，完全脫離中國傳統的計里畫方之法，採用經緯度控制方法；在地圖投影的選擇上，也能依據地圖所括面積及所處地理位置，選用所需投影；各圖比例尺因國家大小不同而不同；地圖符號則大部分仍保持古地圖的特徵（圖 2-18）。《海國圖志》採用新法繪世界地圖，實爲中國地圖學史上一開創性的貢獻。

圖 2-17：魏源《海國圖志》中的兩半球圖

（採自盧良志，《中國地圖學史》，頁 202）

　　另外，清末歷史考證地圖集的編製多於以前任何時期，其中以光緒年間楊守敬的「歷代輿地沿革險要圖」（圖 2-19）最有代表性。「歷代輿地沿革險要圖」於光緒五年（1879）刊行，有圖六十七。之後又經熊會貞重校增補，成圖七十幅，刊行於光緒三十二年（1896）。所有地圖均採用經緯度製圖法，詳細表示歷代疆域境界和都邑地點，按古法用墨色標誌古地名，用朱色標誌今地名。楊守敬「歷代輿地沿革險要圖」的編撰刊行，爲後代研究郡縣變化、水道遷移等方面提供非常有用的參考資料；同時也爲我國歷史地理學和歷代沿革地圖的發展做出不可磨滅的貢獻。

圖 2-18：《海國圖志》中所使用的部分地物符號

（採自盧良志，《中國地圖學史》，頁 204）

山	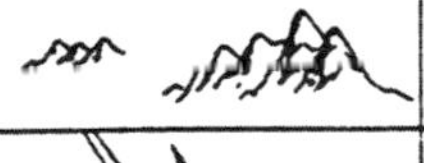 ～～ ～～	省会	⊡
河		县	·
首都	▣	国界	··········
府	□	州府界	·············

圖 2-19：楊守敬編製的《歷代輿地圖》的一頁

（採自金瑾樂等，《地圖學》，頁 19）

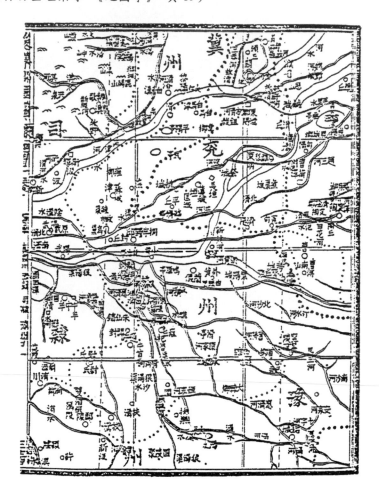

第二節　方志地圖的起源和演變

　　方志地圖是一種特有的專門地圖，是地圖和方志最古老的表現形式，是地圖的始祖。早在用文字記志之前，人們已開始用方志地圖記述疆域、山川、城池、物產等。我國古代很重視用方志地圖修志，借以統轄治理國家，是歷代王君掌地記、施仁政、制邦國必備的工具。

　　前已述及，據考證，我國最早的地圖是簡單的印象圖形。在西元前三千多年時，就有夏禹鑄九鼎的記事，鼎上鑴刻各州的山川形勢、草木禽獸等簡單的形物，注有國名、大川、大山和各種異怪，此獨特的九鼎圖就可視為方志地圖的雛形。

這種禹鼎圖後來匯集在《海內經》、《海外經》和稍後的《大荒經》之內，最後總匯在《山海經》、《禹貢》之中，是我國流傳最古老的圖形之一。

周朝有職方氏，是在王朝和地方隨時了解情況，專掌地圖文籍的官職，其所掌管的這些地圖示意王畿和九服的各種關係，圖內主要繪製記錄九州方位、鎮山、澤藪、川浸、物產及其四至八道里程，用以征貢賦、制邦國，以加強其統治，所以，這些地圖都是起資政記實作用的方志地圖。職方氏隨時徵集各地的方志地圖，雖說當時地圖示意性很強，但已初具地圖的特點，並以方示意方里規模。周朝治國很重視方志地圖，視其同國家典律同等重要，是理朝施政不可缺少的圖籍。

周至秦期間，官民多用方志地圖修志，此時地圖有更大的發展，內容更加豐富，有用文字、符號註明管轄區域、山川、地形、城池、站道等。秦始皇實行中央集權制，要求地方提供輿地詳情，命令各地每三年造圖籍上報，因而編修許多圖志，唯留與後人存評的甚少，記載甚微。

漢朝編修圖志漸多，格外重視地圖的應用。漢時所修之《皇輿西域圖志》、《三輔黃圖》、《西京黃圖》、《長安黃圖》以及地理志《十三州記》都採用了大量的方志地圖。而兩漢重視考錄地記，班固首創《漢書·地理志》，重視用方志地圖記實地物分布。

西晉裴秀首次提出製圖理論，開創製圖六體說，使地圖學得到很大的發展，開拓了我國製圖理論的新紀元。從此，直至明末，歷代基本上都採用裴氏理論編製方志地圖，脫去了古方志地圖的模式，新製圖技術的產生，也促進了方志地圖的發展。從西晉到隋唐的六百年間，出現了很多圖經、圖志，這些都以方志地圖為主，輔以文字說明記述的文經，形成歷史上著名的圖經時期。這就是記實一定時期內的事物而作的特殊的方志形式，即特有的方志地圖的形式。

唐朝地理學家賈耽廣修方志地圖，繪有《海內華夷圖》、《十道志》、《古今郡國縣道四夷述》、《隴右山南圖》、《真元十道錄》、《皇華四達記》及《吐蕃黃河錄》。其中代表作是《海內華夷圖》，是我國第一次用黑、紅二色對照寫出古今地名，用不同色彩繪出不同的界線，表示疆域沿革的方志圖，這將我國的方志地圖推向一新的境界。另外，在唐時還編修了許多著名的圖經，這些圖經都表示出區域的四至八道里程、位置、沿革、地名、山川、物產等，顯示出各地的區域特點。

晉唐期間是我國方志地圖發展的鼎盛時期，應用相當廣泛，在演變發展的過程中，使方志地圖的精度、表現方法和繪圖技術都有很大的提升。

宋朝對方志地圖的應用，也很重視，繼續用圖編修了許多圖志，如：《岩州圖經》、《湘陽圖經》、《九域圖》、《禹貢山川地理圖》等，都廣泛採用方志地圖記述

各地的地理環境和社會政治條件。再則，由《海內華夷圖》縮繪製成的《禹迹圖》和《華夷圖》，眞實性強，精密度高，繪製精細，發揚了晉唐方志地圖的理論和方法。而宋朝單鍔編修的《吳中水利書》，更擴大了當時方志地圖的應用範圍，涉入更廣闊的領域，在古代專業志書中發揮了作用。

　　元朝編修的方志地圖較少，僅在《大元大一統志》、《雲南圖志》、《甘肅圖志》、《遼陽圖志》中大量採用方志地圖記事。元朱思本編的《輿地圖》具有時代意義，多被後人引用修志。

　　明朝則是我國方志地圖發展歷史的又一新起點，明初，還承襲以前編修方志圖的傳統，明末，因歐洲製圖技術的引進，方志地圖隨之也有了新的開端。開始採用簡單的數學基礎編製方志地圖，精度大幅提高，表示方法和內容更加豐富，形狀和位置更加眞實。但這時更重視方志地圖的實用價值，進一步促進了方志地圖的發展。

　　清朝盛修方志，方志地圖應用普遍，出現了多種多樣的形式，符號與線畫更加精細。此外，在地圖繪製的方法上，有了許多創新，如清朝中晚期開始採用暈渲法繪製山地的範圍和形態，改變傳統用山形符號畫山地、山脈的方法。清朝用方志地圖修纂的志書相當多，不勝枚舉。

　　民國期間編修的方志也較多，此時，方志地圖隨著軍用圖的發展而發展。因採用新的製圖技術，從已見的方志圖中可發現，民國元年尙用暈渲法表示山地，民國十六年就改用等高線法表示地形，這一變化，是方志地圖發展的重要標誌。這時，方志地圖中的山脈、河流、居民地、道路等各種內容，開始用分類分級法表示，使方志地圖顯示出定性、定量、定位的功能。

　　方志地圖，是地圖領域內的一種獨特形式，其記實性強，能定其位，觀其物，覽視盡收，一目瞭然。使用方志地圖修志是一種好方法，具有超越文字的能力，有關其研究，應該引起現代修志界普遍的重視。

　　方志地圖在我國的起源甚早，發展的歷史相當悠久，早在使用文字記志之前，方志地圖的使用已很受重視。三千多年來，隨著地圖繪製技術的精進，方志地圖在應用中不斷地演變與發展，而在其發展歷史上，就形成各個不同時期階段的不同特性。按方志地圖之製圖理論、表現形式、製圖精度、記載內容、製圖方法等方面的發展演變特點，可將方志地圖的發展歷史分爲下列三個時期：

（一）古方志地圖時期

　　秦漢以前爲古方志地圖時期，其特點是示意性很強，內容簡單概括，以主觀推測的圖形爲主，形狀和位置失眞。在此時期，戰國以前、戰國至秦初與秦漢三

個階段也各有其不同特點。

（二）舊方志地圖時期

舊方志地圖時期由晉唐至民國二十年，此時期的方志地圖已採用製圖理論編製方志地圖，擁有相當的數學精度和豐富的內容。這時有明顯不同的三個階段：第一個階段是晉唐至明初，爲早期舊方志地圖階段，這時開始用製圖理論編製方志地圖，圖上地物位置、形狀和距離雖更接近實際，但仍有很大的示意性；第二個階段是明清期間，爲中期舊方志地圖階段，這時開始採用簡單的數學基礎，精度大幅地提高，表示方法和內容更加豐富，形狀和位置更加眞實；第三個階段是民初至民國二十年期間，爲晚期舊方志地圖階段，這時除承襲前期方志地圖的特點外，最顯著的特徵是採用實測地圖爲基礎，數學精度較高，用暈渲法和等高線法表示山地，用分類分級法表示各種內容，豐富了普通方志地圖和主題方志地圖的內容，使方志地圖的發展達到一個新的水平。

（三）新方志地圖時期

由民國二十年至今爲新方志地圖時期，在此期間，地圖學於理論和方法上發展快速，由小筆尖到精密機械儀器再到光學儀器的繪圖過程，發展到現代遙感探測電子計算機來控制繪圖，體現了當代製圖技術更加完善，使地圖朝高精度、高信息、高技術方向發展，而此，必然給新編方志地圖帶來新的生機和活力，新方志地圖將有很大的發展，必將形成方志地圖史上的新紀元。

由上對方志地圖發展的論述，可以發現地圖科學技術的演進深深影響方志地圖的發展。秦漢以前，地圖繪製理論與技術不高，所成之方志地圖至爲簡略，示意性強；西晉時，有製圖理論的提出，直至明清，受其影響，所繪之方志地圖精度較高，內容豐富；民國之後，地圖學理論和技術突飛猛進，更爲所編之方志地圖帶來一番新的氣象。方志地圖隨之發展，兩千多年來，不斷演變，同時就在各個發展時期呈現其多樣不同的特色。

第三章　明代方志地圖的若干特徵

第一節　地圖的數量

　　研究明代方志地圖時，首要瞭解地圖的數量，唯有先知其多少，而後才能以此數爲依據，逐步進行他項分析。根據蒐集爲樣本之 275 種明代方志，對其略作統計後，得其所包含之地圖總數共 1,387 幅，以下對各項特性的分析研究，就是根據這些地圖爲基礎。

　　各種方志中地圖數量的多寡不一，最多的如《萬曆紹興府志》，多達 78 幅，最少的如《隆慶丹陽縣志》等，一幅也沒有。爲清楚瞭解明代方志所含地圖數量在分布上大致的狀況，以這 275 種明代方志爲據，依其個別所擁有的地圖數量分類，結果如表 3-1 所示。可發現地圖數量的分布由最少的 0 幅到最多的 78 幅，差距頗大。其中，完全沒有地圖的方志爲數甚多，計有 48 種，佔方志總數的比例，略多於六分之一；包括 1-5 幅地圖的方志，計有 159 種，所佔比例超過二分之一；包括 6-10 幅地圖的方志，計有 38 種，所佔比例略多於七分之一。包括超過 10 幅以上地圖者，爲數不多，包括 11-15 幅地圖的方志只有 12 種，所佔百分比，不足百分之五；有 8 種方志包括 16-20 幅地圖，所佔比例，約爲百分之二；有 10 種方志包括的地圖多於 20 幅，所佔比例，不足百分之四，其中，《萬曆紹興府志》有 78 幅及《萬曆武進縣志》有 48 幅地圖，是有地圖最多的兩種方志。平均每種方志約有地圖 5 幅。圖 3-1 特將表 3-1 的資料以直方圖的型式表現，以使對明代方志地圖數量分布的概況能有更完整的印象。

表 3-1：明代方志所包含的地圖數量

地圖數	方志數	百分比
0	48	17.5
1-5	159	57.8
6-10	38	13.8
11-15	12	4.4
16-20	8	2.9
多於 20	10	3.6
合　　計	275	100.0

　　若以方志成刊之皇帝年號作爲地圖數量分布之範疇，其結果如表 3-2 所示。據此表可發現，成於萬曆及嘉靖時期之方志地圖的數量，就如同成於該時之方志數量一樣，仍佔絕大多數，因而可知，明代方志地圖之編纂也是後期盛於前期，在明代前期也是黯淡的，到明代後期纔很興盛，此可由圖 3-2 顯示。爲了更方便於比較分析，又進一步將其化爲百分比的形式，也許受各方志本身所含地圖的多寡或選取抽樣過程中偏誤的影響，除萬曆與嘉靖兩朝外，成於其他時期的方志地圖，與其同時所修之方志，在數量上並無一定之關係，舉例而言，成於洪武與正統兩帝之方志差不多，各有 5 種與 6 種（見表 1-1），而抽取作爲樣本之方志則分別爲 3 種與 5 種，抽於正統時完成之方志，無論就選取的數量或比例來看，比起抽於洪武時完成之方志都要略高一籌，若各方志所含地圖數量相同，照理，成於正統時期之方志地圖與成於洪武時期之方志地圖相比，在所佔的數量與比例上也當多出一些，然由表 3-2 所示，並非如此，正統時所作之方志地圖，無論在數量或比例上，都明顯地低於洪武時所作之方志地圖，由此可見，各方志所含的地圖數量有多有少，常不一致，這也就多少影響明代各時期方志與方志地圖在數量分布上的一些差異；再則，或因選取之方志內所含的地圖數量過多或過少，或因抽於某時期之方志比例偏高或偏低等，這些抽樣過程中所產生的偏誤也多少會影響明代方志地圖在各時期間數量之分布。另外，由表 3-2 還可提出一推論：明代方志地圖之作，似由成化起開始興盛，歷經弘治、正德逐步增多，而於嘉靖、隆慶、萬曆年間，達到高峰，此後，直到明朝滅亡，方志地圖的製作又漸漸衰退。這也許不是一個肯定的答案，但至少能看出明代方志地圖纂輯盛衰的一個影子。

圖 3-1：每種明代方志所含地圖數

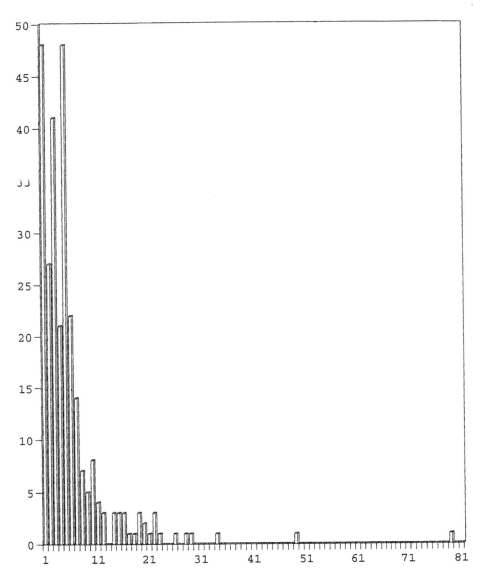

表 3-2：明代方志內所含地圖數量（按方志成刊之帝王年號編列）

年　　　代	明代帝王年號	本研究引用方志數	圖　幅　數	百　分　比
1368～1398	洪　　　武	3	37	2.7
1399～1402	建　　　文	——	——	——
1403～1424	永　　　樂	1	——	——
1425	洪　　　熙	——	——	——
1426～1435	宣　　　德	——	——	——
1436～1449	正　　　統	5	10	0.7
1450～1456	景　　　泰	——	——	——
1457～1464	天　　　順	——	——	——
1465～1487	成　　　化	7	59	4.3
1488～1505	弘　　　治	14	78	5.6
1506～1521	正　　　德	11	64	4.6
1522～1561	嘉　　　靖	84	377	27.2
1562～1572	隆　　　慶	13	80	5.8
1573～1620	萬　　　曆	111	573	41.3
1620	泰　　　昌	——	——	——
1621～1627	天　　　啓	8	36	2.6
1628～1644	崇　　　禎	13	47	3.4
	年　代　不　詳	5	26	1.9
	合　　　計	275	1,387	100.0

圖 3-2：明代方志地圖數量分布（按方志成刊之帝王年號排列）

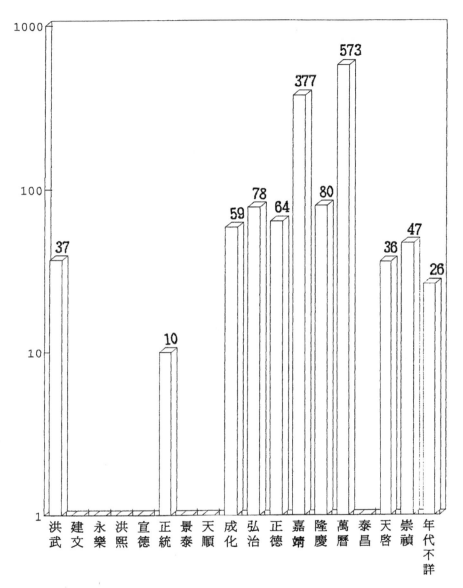

明代帝王年號（按方志成刊之帝王年號排列）

　　至於這 1,387 幅明代方志地圖在各省數量上的分布，如表 3-3 所示。由各省所佔數量與百分比，亦可推論明代方志地圖在各省數量上的分布，也受各方志本身所含地圖的多寡及抽取樣本過程中誤差的影響，像江蘇、浙江、安徽、河北、山東、河南等屬內地的各省，其所修的方志數原本就多，抽取作爲樣本的方志數相

對地也多，因此，其所累積的方志地圖自然也較多；而東北、西北、西南等省分，在明代，因地處偏遠，或根本在明代版圖之外，因此，原本就無或少方志的修纂，抽取作為樣本的方志數也少，因此，其所累積的方志地圖相對地也較少。而在抽樣進行中，像湖北、廣東、廣西、貴州等省分，因種種原因，許多方志蒐集不到，抽取作為樣本之數偏低，因此，累積的方志地圖無形中也偏低，此可由圖 3-3 顯示。同時，各方志其間所含圖幅數的多寡，也多少影響方志地圖數量在各省分的分布，茲以福建與山東兩省為例，山東省無論在原本所修的方志及抽取作為樣本之方志都較福建省為少（見表 1-2），但福建省所修方志其間所含地圖較少，而山東省所修方志其間所含地圖較多，深受此點影響，因而表 3-3 顯示，明代方志地圖在各省數量的分布上，山東省所佔的比例就要比福建省高些。

表 3-3：明代方志內所含地圖數量（按方志所屬省分編列）

省　　別	本研究引用方志數	平均地圖數	地圖總數	百分比
江　　蘇	47	6.9	325	23.4
浙　　江	24	7.9	190	13.7
安　　徽	41	4.7	191	13.8
江　　西	13	2.4	31	2.2
湖　　北	5	2.4	12	0.9
湖　　南	10	4.7	47	3.4
四　　川	2	1.5	3	0.2
福　　建	19	2.6	50	3.6
廣　　東	6	1.8	11	0.8
廣　　西	0	0	0	0
雲　　南	2	5	10	0.7
貴　　州	0	0	0	0
河　　北	39	4.1	158	11.4
山　　東	16	6.7	107	7.7
河　　南	22	4.7	103	7.4
山　　西	11	5.5	60	4.3
陝　　西	12	3.5	42	3.0
甘　　肅	3	4.3	13	0.9
遼　　寧	1	19	19	1.4
察　哈　爾	1	4	4	0.3
寧　　夏	1	11	11	0.8
合　　計	275	5.0	1,387	100.0

圖3-3：本研究引用之明代方志地圖數量的分布（圖中數值表示地圖數）

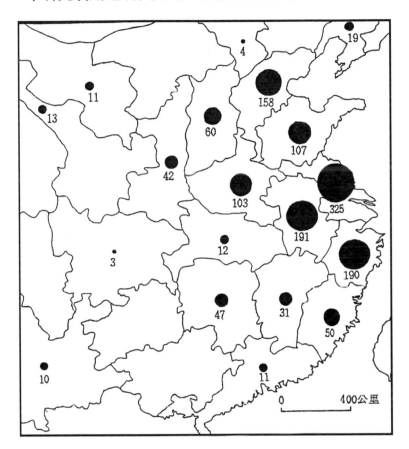

　　本節主要運用統計的方法，探討明代方志地圖於數量上的分布，分別以每一方志所含圖幅數，方志成刊之皇帝年號及方志所屬省分等三個項別為範疇來進行說明，雖然無法盡收明代方志地圖，但以蒐集到的樣本分析，多少仍具有一定的準確性與可信度，仍足以看出明代方志地圖的一般狀況。

第二節　地圖的內容

　　地圖主要是利用簡明之圖形符號，表現特定範圍內地景地物在空間分布上的相互關係，使人清晰易懂，一目瞭然。為求使用上的效果與方便，地圖圖紙的面積通常不宜太大，但所欲描繪的區域範圍往往遼闊寬廣，其上林立的景物狀況往往繁多複雜，想要鉅細靡遺地將之一一收錄羅列，使圖上的記載與地方真相完全相同，纖毫不差，則地圖上各符號往往會相互重疊，顯得過分擁擠，圖上各元素

不易辨明，視覺效果將大打折扣，減損其傳播資訊的功能與價值。所以，在將地表眞實情況縮繪於圖紙上時，通常需要經過地圖簡化（Cartographic generalization），在簡化的過程中，先要了解地圖繪製的目的，以決定地圖的內容，針對不同的主題，選取欲保留的項目，刪除不需要的部分，最後，呈現在地圖上的內容，常是製圖者認爲重要和有價值的。本節就以蒐集到的 275 種明代方志爲基礎，探討其中所含地圖內容的種類與彼此之異同。

一如我國古來之地方志書，明代方志之體例門目，也無一定標準規定，各地修纂的人，素質也良莠不齊，方志的內容，水準高低不一。受此影響，方志地圖內容種類之繁雜，繪圖技術之優劣，彼此間也有不少差異；加以距今年代久遠，有些地圖已殘破模糊，不易辨明。有鑑於此，很難運用統計方法，進行分析，因而，本節僅以敘述說明方式，闡釋明代方志地圖的內容。

依據簡略的分類，明代方志地圖可大別爲下列幾種：地理圖、府（州、縣）境圖、府（州、縣）城圖、府（州、縣）治圖、儒學圖、書院圖、鄉圖、里圖、街圖、歷代沿革圖、山圖、水圖、山川圖、風景圖、廟圖、墓圖、衛所圖、邊防圖、營隘圖、教場圖等，茲分述如下：

地理圖（圖 3-4）：又可稱疆域圖、總圖、總屬圖、四境圖或全境圖，主要表現一地轄區之範圍，圖上繪有各地著名的山脈與水體，重要的道路與建築物。

府（州、縣）境圖（圖 3-5）：與上述地理圖有些類似，只是範圍可能小些，重點在於表現各府（州、縣）之四境概況，同樣繪有山川、道路與城池。

府（州、縣）城圖（圖 3-6）：又稱城池圖、城廓（郭）圖、城邑圖或城垣圖，著重表現一府（州、縣）城池的形態與大小，並簡示城牆內縣治、儒學、察院、寺廟等重要建築物的位置與道路的分布。

府（州、縣）治圖（圖 3-7）：又稱府（州、縣）署圖、邑治圖、衙廨圖、官署圖，更詳盡地表示該府（州、縣）治各行政機關建築物的形態外觀與錯落分布。

儒學圖（圖 3-8）：也稱縣學圖、學圖、學宮圖、學署圖、學廟圖或廟學圖，更清楚地表示該府（州、縣）儒學之各建築物的外貌與分布，儒學圖通常可由其上所繪之儀門及明倫堂分辨出來。

書院圖（圖 3-9）：主要表現書院建築的外觀或配置。從嚴格的地圖定義來說，儒學圖和書院圖並不是地圖。

鄉圖（圖 3-10）：簡單描繪一鄉概況，圖上可見山脈、水體與道路，鄉圖僅見於《萬曆武進縣志》。

圖 3-4：地理圖（採自《嘉靖浙江通志》）

圖 3-5：縣境圖（採自《嘉靖新修清豐縣志》）

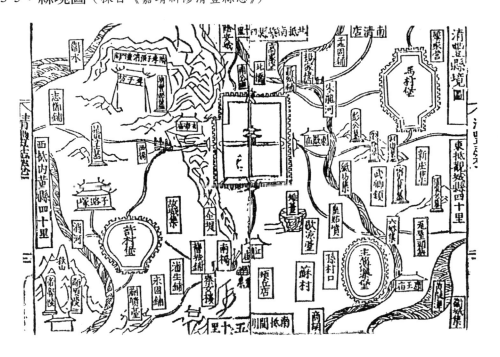

圖 3-6：縣城圖（採自《嘉靖新修清豐縣志》）

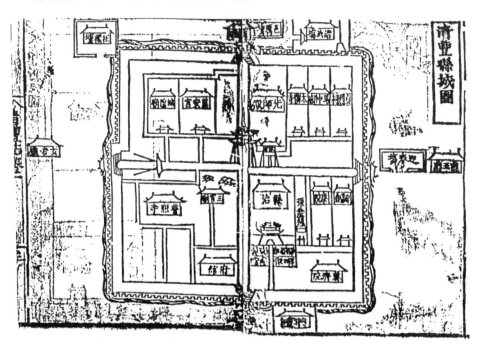

圖 3-7：縣治圖（採自《嘉靖新修清豐縣志》）

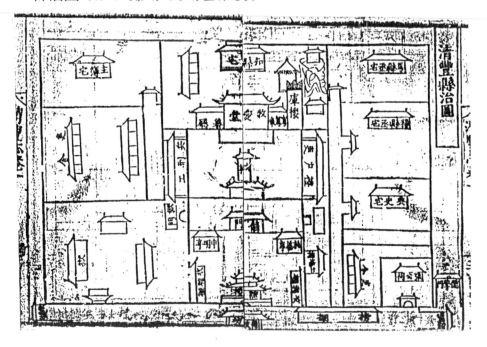

圖 3-8：儒學圖（採自《嘉靖固安縣志》）

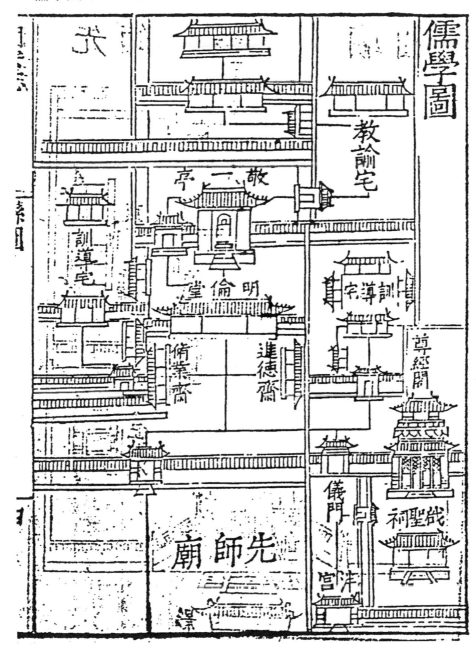

圖 3-9：書院圖（採自《萬曆任丘志集》）

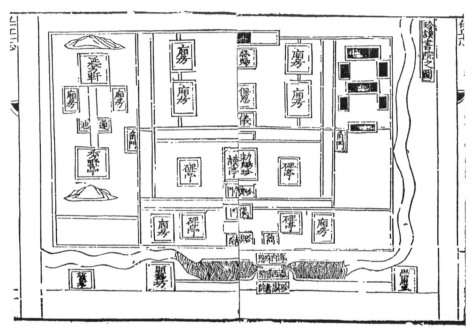

圖 3-10：鄉圖（採自《萬曆武進縣志》）

里圖（圖 3-11）：由各村或各家庄名稱於所在地排列構成，表現其相對位置的關係，僅見於《萬曆富平縣志》。

圖 3-11：里圖（採自《萬曆富平縣志》）

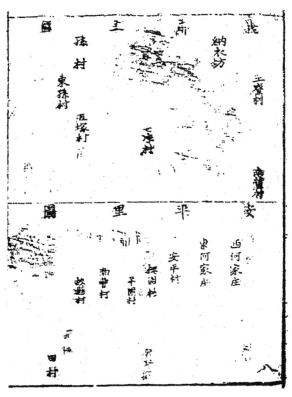

街圖（圖 3-12）：粗略表現街道伸展形態，也只見於《萬曆武進縣志》。

歷代沿革圖（圖 3-13）：顯示一地經歷各朝代演變的狀況，或為都境圖，或為都城圖，圖上常繪有山川與城池。

山圖（圖 3-14）：表現方志所屬該地之山、嶽、巖等的高低形態與座落位置。

水圖（圖 3-15）：表現各地之河、江、溪、泉、湖、池、塘、渠、海等的延展形態或位置分布。

山川圖（圖 3-16）：與地理圖類似，差別在於對山川形勢的描繪更加詳細。

風景圖（圖 3-17）：表現一地特殊的名勝景緻，或因景色動人獨有，或因具有紀念價值，描繪的方式則有類於山水畫。

廟圖（圖 3-18）：主要描繪一地擁有之廟、寺、祠、壇、塔、觀及社稷等。

墓圖（圖 3-19）：又稱陵圖，呈現陵墓所在地的配置與景觀，所繪多為帝王或名人之墓。

衛所圖（圖 3-20）：顯示各地衛所的相對位置與整體布局。

邊防圖（圖 3-21）：描繪邊疆山川險要的概況與攻防措施的配置，圖上繪有許多城牆與關口。

營隘圖（圖 3-22）：又稱營圖，表示各軍營和隘口在一地分布配置的情形。

教場圖（圖 3-23）：又稱草場圖，主要亦是表現一地教場的配置與布局。

據上所述，足見明代方志地圖的內容繁雜多樣。但以查閱的明代方志顯示，府（州、縣）境圖、府（州、縣）城圖、府（州、縣）治圖與儒學圖佔有明代方志地圖的大部分，這四種圖常構成大多數明代方志所含地圖內容的主體，至於其他內容的地圖，則因該地地理條件或人文歷史的獨特性，而在各方志中有所增減。不管如何，在地圖上被呈現的內容，既是製圖者認為重要而有價值者，則由對明代方志地圖作一探討，多少可由其內容了解一地之特色。

圖 3-12：街圖（採自《萬曆武進縣志》）

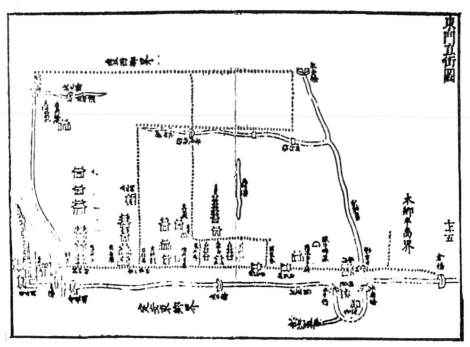

圖 3-13：歷代沿革圖（一）（採自《隆慶儀真縣志》）

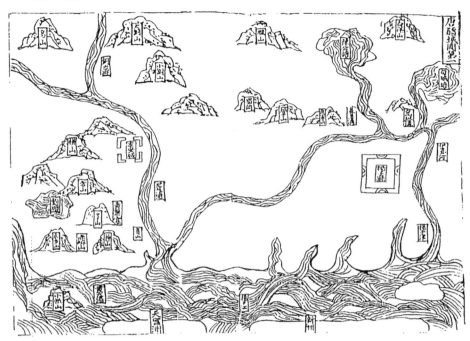

圖 3-13：歷代沿革圖（二）（採自《隆慶儀真縣志》）

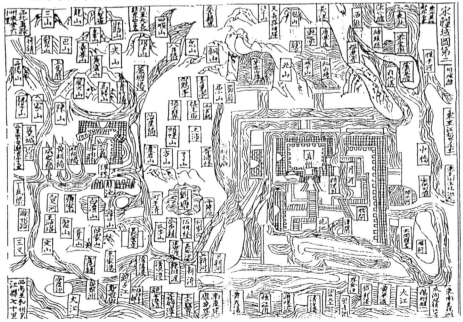

圖 3-13：歷代沿革圖（三）（採自《隆慶儀真縣志》）

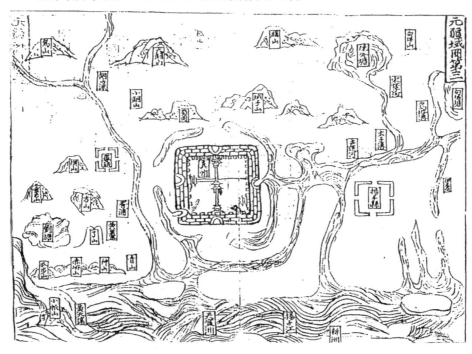

圖 3-13：歷代沿革圖（四）（採自《隆慶儀真縣志》）

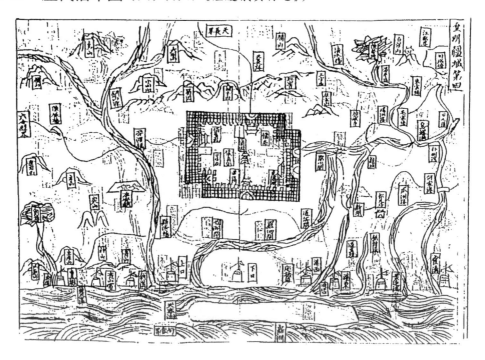

圖 3-14：山圖（採自《萬曆紹興府志》）

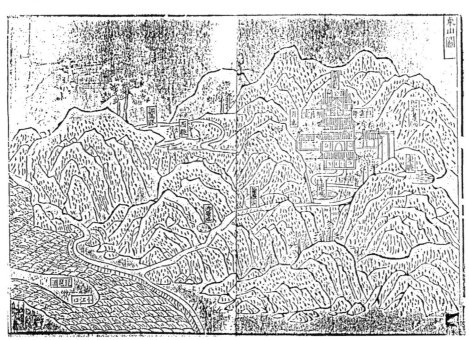

圖 3-15：水圖（採自《正德金陵古今圖考》）

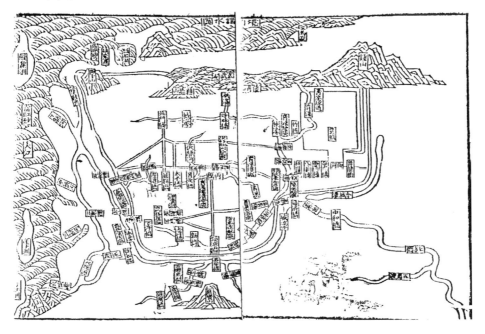

圖 3-16：山川圖（採自《萬曆宿州志》）

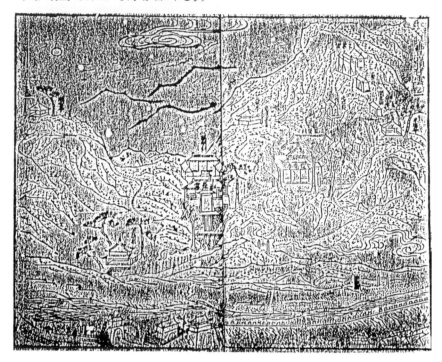

圖 3-17：風景圖（一）（採自《萬曆滁陽志》）

圖 3-17：風景圖（二）（採自《萬曆黃岡縣志》）

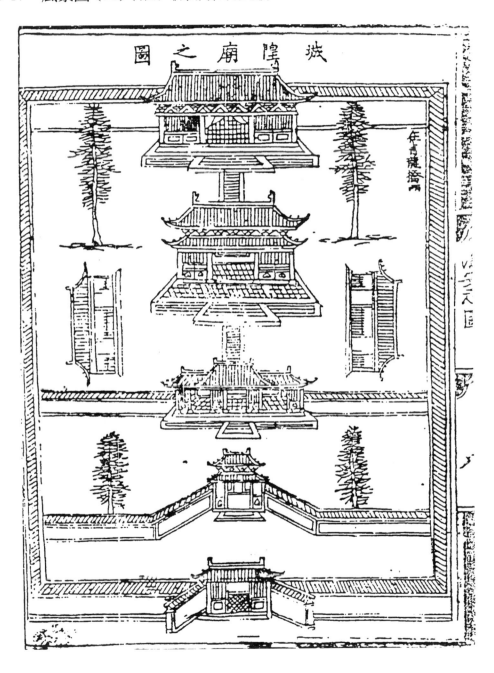

圖 3-18：廟圖（採自《正德淮安府志》）

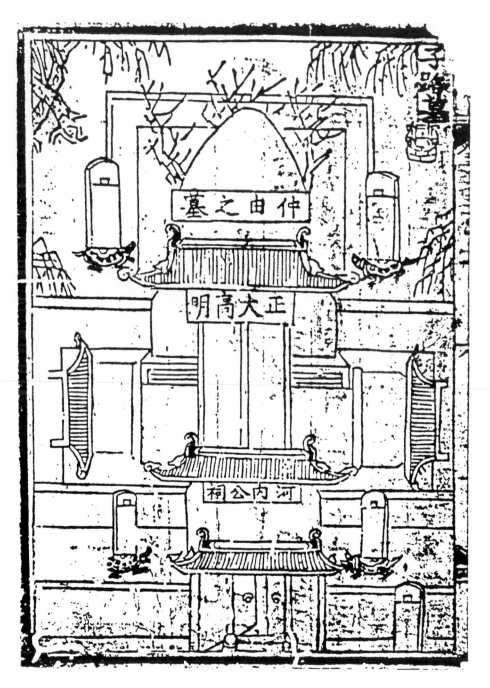

圖 3-19：墓圖（一）（採自《嘉靖長垣縣志》）

圖 3-19：墓圖（二）（採自《嘉靖新修袞州府鄒縣地理誌》）

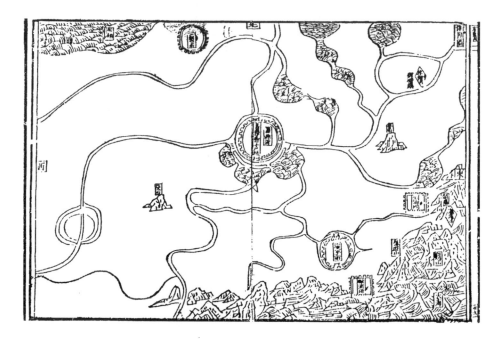

圖 3-20：衛所圖（採自《嘉靖嘉興府圖記》）

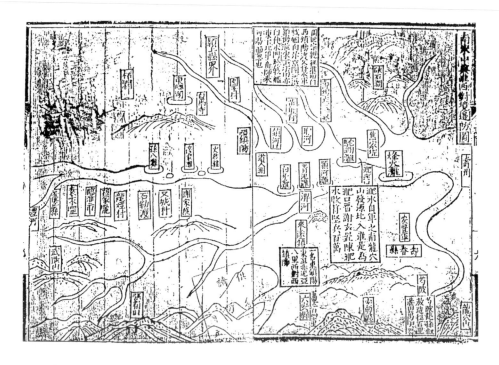

圖 3-21：邊防圖（採自《嘉靖六安州志》）

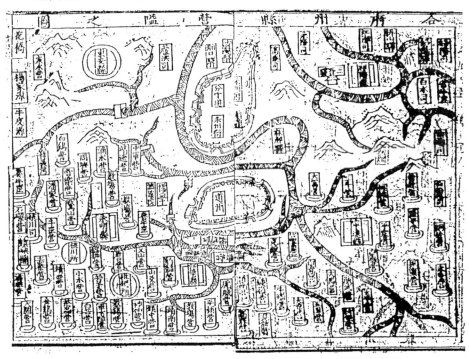

圖 3-22：營隘圖（採自《隆慶永州府志》）

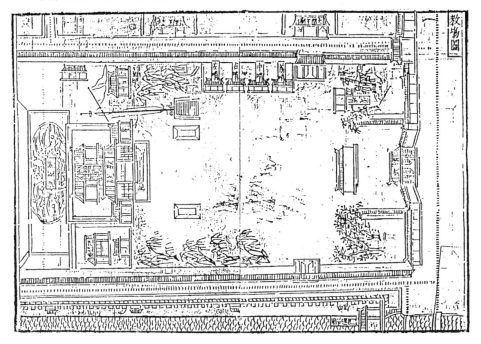

圖 3-23：教場圖（採自《萬曆紹興府志》）

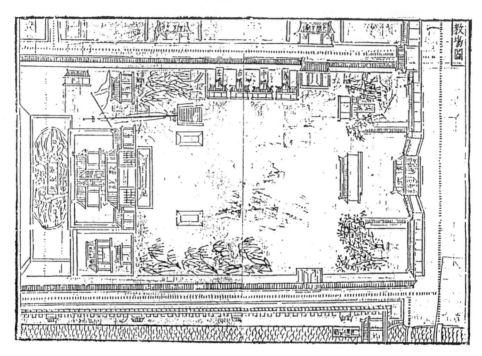

第三節　地圖的比例尺

地球之實際面積甚大，測繪地圖，必須經縮小後，始能描繪於紙上。由於地圖一定比所繪之實際面積為小，因此在地圖上必須表明兩者之比例，這種把實地長度縮小的倍數，便稱為地圖的比例尺（Map scale）。所謂比例尺，具體言之，即為地上實際尺寸縮小成為圖上尺寸之比數〔註1〕，也就是地圖上一定直線段的長度與地面相應直線距離的水平投影長度之比〔註2〕，即

$$\frac{圖上直線段長度}{地面相應直線距離水平投影長度} = 比例尺$$

是用圖者在閱圖時最先需要知道的。

〔註1〕見黃廈千，《地學通論臺一版》（臺北：正中書局，1954年），頁173。
〔註2〕見金瑾樂、孫達、林增春，《地圖學》第一版（北京：高等教育出版社，1987年），頁28。

現代地圖學中，比例尺是一項重要的元素，一幅地圖縮尺的大小可以用許多方法來表示，用敘述或圖示，亦可以由經緯線網的間隔來表示，甚至可以由地圖上之符號的大小與特性看出來〔註3〕。通常，地圖比例尺可以有以下幾種表示方法：

（一）自然縮尺（Natural scale），又可稱之為分數比例尺或代表分數（Representative fraction），可以寫作 1：1,000,000 或 1／1,000,000，這表示地圖上的 1 公尺、1 公分或 1 吋代表地球上的 1,000,000 公尺、1,000,000 公分或 1,000,000 吋，英文簡稱為 RF，分數的分子與分母，或比例的前項與後項的長度單位一定要相同。

（二）圖形比例尺（Graphic scale），這是在地圖上繪一條橫線，分為若干段以表示地球的單位距離，通常更在線的一端細分，使讀者可以更正確地計算距離，最切實用。如圖 3-24：

圖 3-24：圖形比例尺（採自徐聖謨，《地圖學》，頁 35）

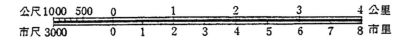

（三）文字說明比例尺（Verbal statement），以文字說明方式，又稱數字比例尺，如五萬分之一；英制地圖上有一英寸比一英里（1 inch to 1 mile）和半英寸等於一英里（half inch = 1 mile），前者為圖上一英寸等於實地一英里，用數字式來表示，即為 1／63,360，後者為圖上 1/2 英寸等於實地一英里，其數字式則為 1／126,720。

（四）面積比例尺（Area scale），將球面轉變為平面，若其相當之面積為正確，則可用面積比例尺。即圖上面積與實際面積的比例，如 1：1,000,000，通常數字的平方是不寫出來的。

在我國地圖繪製史上，最早提出比例尺概念者，當屬西晉裴秀，在他的「製圖六體」原則中，分率就是表示地圖的縮小程度，即比例尺，他曾將漢朝的全國地圖「天下大圖」以一寸折百里（約為 1：180 萬分之一）的比例尺，縮編成小比例尺的晉代全國圖「地形方丈圖」。唐時賈耽所繪之海內華夷圖，圖東西寬三丈三，南北長三丈，採用計里畫方的方式，繪有一寸見方的網格，一寸折百里，在地圖上一寸的距離，在地面上實際為百里。另外，宋代禹迹圖則是我國迄今發現的最早的計里畫方地圖，每方約百里。元朱思本亦採計里畫方之法，花了十年時間完

─────────────────────

〔註3〕見徐聖謨，《地圖學》增訂三版（臺北：中國地學研究所，1986 年），頁 35。

成輿地圖的編纂。

由於西方繪圖技術至明末才經由傳教士利瑪竇輸入中國，因此，明代以前地圖比例尺的繪製，基本上仍深受我國傳統繪圖的影響。根據上述論點，明代方志地圖縮尺製作的原則，也應不脫離西晉裴秀「製圖六體」理論基礎的範圍。但查閱蒐集到的明代方志地圖發現，所有這些明代方志地圖上，既無計里畫方的網格，也無縮尺大小的標註，亦即毫無比例尺可言，究其原因，約可歸結為下列三點：

（一）過去的修志者，多屬史學家，鮮少有地圖繪製的訓練，繪圖技術的水準既然不高，以致所繪製的方志地圖至簡，往往缺少比例尺。

（二）過去地理學的發展趕不上歷史，區域地理必須實地調查與觀察，收集資料，創製圖表，這在我國過去的交通條件與文人習氣下，很難作到，而缺少實地調查與資料收集，地圖縮繪的比例尺也就無從表示。

（三）我國早期地圖的主要形式是立體形象式圖，採用堆塑、浮雕或在平面上刻繪出立體形象的方法，表現一定範圍內的地理對象的面貌和特徵，後來，雖隨著大地測量及製圖水平的提高，一種新的以計里或網格座標來繪製的地圖開始出現，但這類圖畢竟很少，立體形象式圖的傳統影響仍然很大。

由於在編繪的技術上，明代方志地圖仍因襲我國傳統舊有的製作方法，綜合上述原因，因此，明代編纂的數以千計的地方志書中，附圖多屬立體形象式圖，缺乏比例尺的表現，也因此，地圖上距離和方位的表示不甚準確，僅側重對地理對象的重點描寫，與大概地相對位置，形象地突出表現主要地理對象的面貌和特徵。

明代方志地圖的繪製，都沒有採用現代投影，也沒有利用計里畫方法，因為時間關係，作者雖然沒有深入研究，估計各圖的比例尺係數必然因地而異。本文所引用的方志，都是顯微膠卷，無法計算各圖的真正比例尺，這一問題，值得進一步研究。

第四節　地圖的版式

為求地圖的清晰明確與美觀大方，在將地表景物描繪於平面圖紙上時，常常必須先考慮地圖的版式（Map format）。所謂版式就是地圖的大小和形狀，也就是圖框，亦稱圖廓，版式可以配合一本書刊的整個全頁或一頁的一部分，也可以將地圖折疊以配合一頁的大小地圖，換言之，可以有任何形狀與大小的版式。

版式是以其水平與垂直的互相比例關係來呈現，這種比例可以用計算尺來定或畫在方格紙（Graph- paper）上，這樣任何投影的大小便可很快地決定（圖 3-25），

這種水平與垂直比例完成以後，便可試驗任何比例的投影是否適合這種版式〔註4〕。在許多情況下，爲了要在一定的版式下盡可能使用最大的比例尺，則將限制使用某種地圖投影以適合所要表示的區域。同樣地，爲了要在地圖的圖廓以內適合安排各種項目不同的外形，像是大的圖例、複雜的圖名、插圖說明等，使得版式變成了一個重要的限制因素。一般言之，長闊之比接近黃金分割〔X：L–（L-X）：X〕的比例，也就是 1：1.618 的比例，大約是 3：5 的長方形，是看著最舒服的形狀（圖 3-26），當然，爲了特別情形的需要，也不得不使用其他的形狀〔註5〕。

　　本節主要以蒐集到的 1,387 幅明代方志地圖爲依據，對其版式的形狀與大小作一探討。此處所引用的明代方志，都不是原來原書，而是顯微膠卷或膠片，由於在複印地圖的過程中，其縮放的倍數可由機器來調整控制，以致所蒐集的這 1,387 幅明代方志地圖在版式的長度、闊度上可能與原書不同，多有差異，無法確知版式的絕對尺寸大小。雖說如此，可是版式也可以由圖框的水平與垂直的互相比例關係來呈現，其長度、闊度的數值雖與原圖有所出入，但因擁有相同之縮放倍數，其比例不變。爲進一步分析說明，又將其比例化爲比值的型式來表示，取其值至小數點第二位，每 0.01 爲一間隔，大略表現明代方志地圖在各版式大小比值中分布的概況。

圖 3-25：長闊比例圖解

（採自 Arthur H. Robinson 著，姜道章譯，《地圖學》，上冊，頁 179）

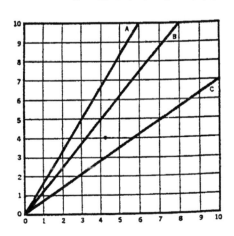

〔註 4〕見 Arthur H. Robinson 著，姜道章譯，《地圖學》，上冊，初版（臺北：臺灣省立師範大學出版組，1966 年），頁 179～180。
〔註 5〕見前引 Arthur H. Robinson 著，姜道章譯，《地圖學》，下冊，頁 346。

圖 3-26：三種不同的長方形

（採自 Arthur H. Robinson 著，姜道章譯，《地圖學》，下冊，頁 346）

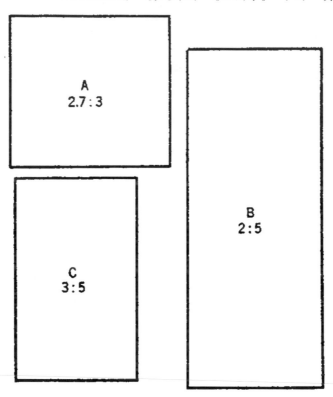

　　經統計分類後，蒐集到的 1,387 幅明代方志地圖，以比值不同所作的分類，各種版式分布的概況如表 3-4 所示。表上羅列版式大小的比值，比值是 1 的是正方形，小於 1 的是橫的長方形，大於 1 的是豎的長方形，沒有正方形的，幾乎有十分之九的地圖是橫的長方形，略多於十分之一的地圖是豎的長方形。最小的比值為 0.13，也就是橫向很長的地圖，最大的比值為 1.67，也就是上下的高度是左右寬度的 1.67 倍。

　　根據以上的統計分析，並參照所查閱的明代方志地圖，大部分明代方志地圖的版式大小比值之所以集中於 0.64-0.81 與 1.40-1.61 間，主要原因在於地方志書本身一頁紙張之大小。為配合方志一頁一頁的編纂，明代方志地圖多繪於一方志之整個全頁或折疊的兩頁，其中又以繪於折疊的兩頁最多，佔有八成多，整個全頁的佔一成多，雖說各種方志一頁紙張的大小各有不同，但差異通常不太大。至於其他版式大小比值的地圖，則因所繪地圖內容特殊（山圖、水圖、教場圖……等），常須橫跨方志的好幾頁全頁，一般上這種版式為數甚少。

表 3-4：明代方志地圖的版式

比　　值	地圖數	百分比
0.01～0.25	5	0.4
0.26～0.50	13	0.9
0.51～0.75	875	63.1
0.76～1.00	341	24.6
1.01～1.25	——	——
1.26～1.50	67	4.8
1.51～2.00	86	6.2
合　　計	1,387	100.0

　　地圖的版式主要表示要印地圖紙張的大小和形狀，據研究，明代方志地圖版式之比例關係各不相同，有許多種組合，但受方志本身一頁紙張大小的影響，及明代方志地圖多繪於一方志之整個全頁或折疊的兩頁，以致其版式大小集中分布於某些比值間，這就是明代方志地圖在版式上的一項特色。

第五節　地圖的符號

　　現代地圖學中，常利用不同顏色的點、線、面來表達地圖內容各要素的空間位置、大小及其數量和質量特徵，這些點、線和面所構成的各種圖形，就總稱為地圖符號。任何地理現象，從用以表示想像的經緯體系的線條，到用作代表基本或特別資料的記號，都不能用實物的形像來表示，一定要符號化，這就是地圖不同於航空照片的主要區別之一〔註6〕。

　　地圖學使用符號已經有很久的歷史了，地圖符號的形成和發展，是人們對地理現象不斷認識、不斷實踐的結果，傳統的與習慣的地圖表示方法已為大家所接受。符號構成一種信號，在有限的空間上用這種信號，地圖學家能夠表示最動人的故事〔註7〕。

　　地圖符號是直觀形象地表示地面事物的重要形式，決定地圖是否容易閱讀以

〔註6〕見前引 Arthur H. Robinson 著，姜道章譯，《地圖學》，下冊，頁197。
〔註7〕見前引 Arthur H. Robinson 著，姜道章譯，《地圖學》，下冊，頁197。

及讀者能夠理解的程度。可以設想，閱讀或使用地圖的人如果不認識地圖符號，要想從地圖上得到所需要的豐富信息，將是很困難的。所以有人說，地圖符號是地圖的語言或讀圖的鑰匙。

地圖符號的作用既在於系統地表達地圖的內容，其選擇和擬定是根據地圖的種類、用途、比例尺、地圖的主題和設計的內容進行的。所以，地圖學家的主要任務之一，便是要瞭解符號間的互相關係、相對的效果、以及相對的適合性，要使表示方式與地圖符號適合地圖的特別目的。而在決定用任何一種設計或符號種類之前，地圖學家也應善用其智巧與各種可能性的試驗。

至於地圖符號的分類，一方面根據符號代表的各種現象的種類，或另一方面根據符號所表示各種現象的數量與種類，地圖符號可以分為定性符號與定量符號兩大類，在這兩大類中，各又可再分為三個副類，即點符號、線符號與面符號。

由於明代方志地圖是公元十四世紀末葉到十七世紀中葉的古地圖，侷限於當時各作者的科學技術水平，地圖不是實測製成的，普遍以寫景法為主描寫地理事物，所以也就談不上地圖的精確性和系統化的地圖符號。為求證實，查閱了蒐集到的 1,387 幅明代方志地圖，結果發現大部分是以寫景法來描寫地理事物的，許多實地景物原樣一筆一畫臨摹在圖紙上，而不是以地圖符號來代表，所繪的城池、建築、廟宇、墓陵等，可以明辨其外觀的差異，而這些地圖所繪的區域範圍一般都較小。至於有些明代方志地圖因所繪之面積範圍較大，無法盡用寫景法來描寫地理事物，因而有以地圖符號來表達地圖的內容，諸如使用點或圓圈等點符號表示建築、聚落在地圖上位置的分布，使用延展的線符號代表地圖上的水系、道路或分界線，使用具有均一圖案之面符號表達水體、城廓或地形，另外，還有使用方形或橢圓形的框，內附文字，擺在地圖上特定的位置，用以代表建築、聚落、島嶼、衛所或營隘等，圖 3-27 則羅列明代方志地圖上幾種符號的表現。

總括而言，限於當時繪圖的技術水平，明代方志地圖普遍以寫景法為主進行繪製，立體形象地表現地理事物的存在，地圖符號無產生之必要，唯少數明代方志地圖，因所欲描繪之面積範圍較大，在有限的圖紙上，無法盡用寫景法來繪製，常用簡單示意的形象圖案來表達地圖內容，這些形象圖案有的就類於所謂的地圖符號，他們分別代表不同的地景地物，邏輯合理地在圖上排列，以便讀圖時容易識別，達到良好的傳播效果。

圖 3-27：明代方志地圖上幾種符號的表現

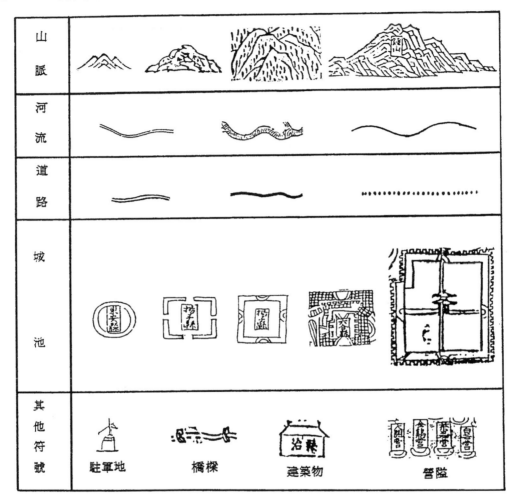

山脈				
河流				
道路				
城池				
其他符號	駐軍地	橋樑	建築物	營壘

第六節　地圖的文字

　　地圖文字是地圖的基本內容之一，在圖例中、圖名中以及特別是在地圖主體上，用以指明地名和地圖各種項目的名稱，對地圖起著重要的作用。沒有文字標註的地圖只能表達要素的空間概念，而得不到要素的名稱和某些特徵。因此，有時候地圖上必須有足以說明各種事物和現象的具體特徵與專有名稱的文字註記。

　　地圖文字同時也可視為是地圖上的符號之一，在地圖學中將文字當作一個地圖符號來研究是特別重要的，第一，因為文字的普遍使用，第二，因為文字是一

個相當複雜而有時又困擾人的地圖要素〔註8〕。文字本身在某種程度上還具有符號的作用，它不僅豐富了地圖的內容，而且在一定程度上還補充了符號的不足。

文字的書寫是一幅地圖設計的一個重要要素，如何在其他符號混亂中合適地寫上文字，常常是很令人傷腦筋的問題。大多數的地圖都具有某種固有的設計上的特質，像是重覆的線條型式，字體可能跟這種基本的特點成對比，或者字體可能跟這種基本的特點混在一起。藉著字體、大小和位置的選擇，地圖學家能夠將地圖讀者的注意引向或離開表示各種要素的名字。一個地圖文字重要的問題是地圖文字的書寫提供了地圖繪製品質好壞的一個更值得注意的指數，不管是什麼樣的地圖，地圖上的字是要看的和讀的，明晰和易讀便是據以選擇地圖文字主要考慮的標準，而一張文字書寫良好的地圖，確實是一件令人希望且愉快的事。

由於明代各地修志者的素質良莠不齊，又多未受過地理學和地圖學的訓練，以致方志地圖在各要素的編輯上多缺乏一定的規格和體例，地圖文字自不例外。大致來講，明代方志地圖之文字書寫主要分兩種方式，一是以毛筆脫手書寫，一是利用雕刻印刷，地圖文字之字體、字形與字的大小則隨所屬各方志而有所不同，一般而言，對所欲表現之重要的地景地物，通常將其標註的文字加粗加大，而對作為底圖背景的要素，其標註的文字通常較細較小。至於文字註記則有各種布置方式，一般分水平字列、垂直字列、雁行字列、屈曲字列四種（圖3-28），明代方志地圖文字之布置大多都以前兩種方式來表現，後兩種表現方式則幾乎沒有，而前兩種的布置方式中，垂直字列出現的頻率又常較水平字列為多。在指稱地景地物時，地圖文字擺設的位置又常不一致，不僅各方志地圖間有差異，即便在同一幅地圖上也是如此，這些用以說明的垂直字列與水平字列，有的擺在該地景地物的上方，有的擺在下方，有的在左，有的在右，好像沒有一定的規範可循。另外，有些明代方志地圖上的文字常加有方框或套有橢圓形圈，這是因襲中國宋代地理圖的作法，主要是為了以資醒目。而有些明代方志地圖為表現立體的形象，圖上文字標註方向多由四方圖框向中心來書寫，以致地圖文字書寫方向上下顛倒，左右相反，文字標註方向不一，則便於四面圍觀。這種形式，有時充分顯示了從繪圖者或地方官吏所在地的觀點看地圖，也就以地方官吏為中心的環境識覺。

〔註 8〕見前引 Arthur H. Robinson 著，姜道章譯，《地圖學》，下冊，頁 354。

圖 3-28：地圖文字註記的各種布置方式（採自金瑾樂等，《地圖學》，頁 90）

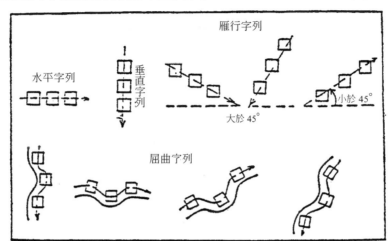

　　文字註記恰當與否對地圖的易讀性和使用價值密切有關，對地圖文字註記的一般要求為：簡明正確，主次分明，文字位置與被註物體的圖上位置相適應，不掩蓋圖上重要物體。雖然以現代的學科觀點來看，明代方志地圖之文字註記缺乏統一之規格體例，但上述對地圖文字的一般要求，在某種程度上，明代方志地圖卻都達到了。

第七節　地圖的花紋

　　所謂花紋（Pattern）是指在一個範圍內，包含有許多記號（點或線條），作有系統地重複排列的符號，花紋在地圖上之使用有兩個目的：（1）用作面符號，表示在一個單位面積內之品質為均勻一致的，（2）可以使連續之色調分裂，增加色調的特性，與圖例相配合，更容易識別〔註9〕。

　　花紋通常由點子、線條或兩者配合構成，有多種變化，它是一種視覺差異，普通可分為下列三類：

　　（1）線條花紋（Line Pattern）：由許多平行的直線構成，線條之粗細寬度可以不同，線條之間隔距離也可自由選擇，當二組平行線交叉時，稱為十字線或網格線，交叉之角度可以是正交或斜交。

　　（2）點子花紋（Dot Pattern）：普通由圓點排列所成，或為矩形，或為三角形，

〔註9〕見前引徐聖謨，《地圖學》，頁 199。

點子的大小與排列方式也可以不同。

（3）其他花紋：除上述兩種花紋外，也可用各種記號作系統之重複排列，使其成為一種花紋符號，例如由簇生水草表示沼澤地的符號，但必須注意，有許多花紋已成為慣用符號，有專門之用途。

因任何線條都有方向，也就是說地圖讀者要沿著線條的方向而轉動眼珠，若使用線條花紋來區別地圖上的分區，則讀者的眼珠得要不斷變動其方向，也就很難看清楚各區域間的界線，若改用點子花紋來代替，地圖看起來就比較穩定，眼珠不會再跳，而分界線亦容易區別了。所以，製圖者必須小心使用線條花紋，並多多使用點子花紋。

若再按每一種花紋之若干可供量度之向度細分，則又可得其四種基本屬性，分別為：

（1）結構（Texture）：即花紋中所構成記號的間隔。

（2）排列（Arrangement）：指記號間的位置關係。

（3）定向（Orientation）：指對地圖讀者的排列方向。

（4）明度（Value）：指花紋中所包含記號密度之大小。

在地圖上出現時，上述四種基本屬性為一綜合的印象，而為使花紋增加區別各分區的品質，因此必須使花紋間有視覺差異，容易分開，而為達到此目的，則必須同時善用結構、排列、定向與明度四種屬性。

在明代方志地圖上，有關花紋的使用，主要表現在水體和城牆兩方面，茲簡述如下：

（1）水體：明代方志地圖中，用花紋以表示的水體包括海洋、江、水、河、湖、塘等，主要運用或粗或細之波紋記號的間隔排列來構成花紋符號，至少有七種不同的畫法（圖 3-29），用以表現水的起伏與流動，屬於一種線條花紋，在各明代方志地圖上，其波紋記號的排列方式或有差別，所表現水體的範圍面積大小或有不同，但無論如何，藉由花紋在水體的使用，水體和陸地間產生視覺差異，使得兩分區的品質被清楚地劃分開來。

（2）城牆：主要也是運用或粗或細之直橫線記號的間隔排列來構成花紋符號，看上去像是磚塊或石條堆砌的形狀，至少有四種不同的畫法（圖 3-30），用以表現城牆的形狀與大小，也屬一種線條花紋，由於當時方志地圖的繪製缺乏一定的體例規定，各地編纂者其製圖技術的素質水準不一，以致在各明代方志地圖上，其直橫線記號的排列方式也多有差別，不管如何，藉以花紋的視覺差異，使得城牆與陸地被區別出來，且更顯現城牆的立體形態。

圖 3-29：明代方志地圖上表現水體的幾種花紋符號

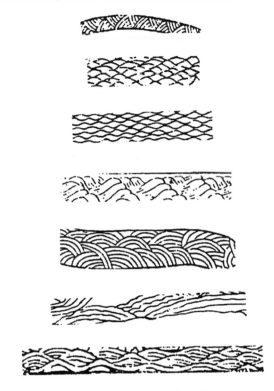

圖 3-30：明代方志地圖上表現城牆的幾種花紋符號

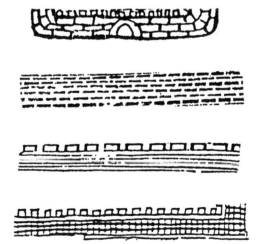

　　由於明代方志地圖爲黑白印刷，無色彩的表現，花紋在其上用作爲面符號，表示在一個單位面積內之品質爲均勻一致。而在明代方志地圖上，花紋主要用以表現水體和城牆，藉視覺的差異，使各分區之品質能夠清楚地分開。

第八節　地圖的標題

標題是地圖設計的一個重要部分，有其知識的含義與視覺意義；在不同地圖之圖面設計中，標題的功能有二，除了本身指示地圖的目的，告訴讀者地圖的題目或地區外，同時在地圖讀者不需標題便可知道地圖題目或地區的狀況下，他們亦是一種圖形，對於地圖內容結構的平衡有時候是有用的。

有關標題應該採取什麼樣的形式，亦即標題之大小、方式與用字粗細等，這完全要配合整個地圖的設計與目的。標題要素在地圖上的配置，必須根據具體情況，放置在適當的位置上，並進行必要的整飾，以達到清晰美觀，便於閱讀。一般情況下，單幅地圖的標題多位於地圖的右上方或左上方，也可以放在圖廓外的正上方；系列地圖或地圖集的各幅地圖上，則採用統一協調的圖面配置形式。但實際工作中，並不完全如此，主要看圖幅內主圖區域輪廓圖形以外有無空白位置，然後再考慮如何進行標題的圖面配置。

根據所查閱的 1,387 幅明代方志地圖，其彼此之間標題的表現方式差異頗大，無一定的規範可言，究其原因，一來因歷代朝廷對方志之體例毫無標準規定，二來因各地方志地圖編繪者之素質良莠不齊，三來因地圖標題必須要配合地圖的設計與目的，綜此三項原因，以致在明代方志地圖上，標題的呈現繁雜多樣，有些方志地圖甚或將其略去，而無標題的表示，其餘有標題表示之地圖，其形式與配置則又多所出入，不盡相同，茲更進一步說明如後。

按所蒐集的明代方志地圖看來，有關標題表現的形式多種多樣，不一而足，很難對其下一定論。可清楚發現表示地圖標題所用的字體、字形的大小、字與字的間隔排列、用字筆劃的粗細等等，隨各所屬之方志而有所不同，有的方志地圖採用印刷字體來表現標題，有的則採用脫手書寫之字體；有的方志地圖標題其字形大而明顯，有的卻小而不彰；而方志地圖標題之字的間隔，有的寬，有的窄；至於標題用字的筆劃，在有的方志地圖上較粗，有的方志地圖上較細；這也就說明了明代方志地圖在標題形式的表現上並無一定的規範與原則，其呈現出的標題形式或可說是擁有不同技術水準之方志地圖編繪者，配合整個地圖設計與目的所產生的結果。

另外，在明代方志地圖上，其標題的配置也是多種多樣，不盡相同。但若對其作一歸納分析，可發現明代方志地圖標題擺設的位置主要有二，一是置於地圖的右上方，因所剩的空間不多，其字形通常較小，字與字的間隔也較密，常顯得不夠清晰顯著，所以，有些明代方志地圖就使用方框將標題框住，以示明顯，便

於閱讀；另一則是置於地圖的正上方，少數位於地圖圖廓內，大多數都位於地圖圖廓外，因空間較充裕，其字形通常較大，字與字的間隔也較寬，因而此種標題的配置較顯而易見，一目瞭然。至於明代方志地圖的標題之主要擺設於此兩位置的原因，一來是配合地圖的設計與目的，將標題置於地圖的正上方，不但醒目顯著，且有助於地圖圖面結構的平衡；一來則是配合明代方志的編纂，爲順應明代方志一頁一頁的編排方式，因爲方志地圖多繪於其中的一頁或一相臨的兩頁，若將標題置於地圖的右上方，在翻閱明代方志時，就可以很快地看見標題，進而了解地圖所繪的內容。

　　標題是地圖設計的一個重要部分，由其可知地圖的題目或地區，也有助於地圖內容的平衡。明代方志地圖對於標題的設計似乎並不很重視，有些方志地圖將其略去，而無標題之表示，其餘有標題呈現之明代方志地圖，其表現的形式與配置卻又多有出入，不盡相同，難有一定的規範與原則，但不管如何，其標題的設計大致還是配合整個地圖的需要與目的。

第四章 明代方志地圖的地理學價值

第一節 歷史地理資料保存的價值

　　明代方志地圖多繪於 14-17 世紀，距今已有數百年的歷史，爲傳統中國古地圖的一部分。明代方志地圖在繪製的時候，自然是以呈現當時該地地理現狀爲主，可是若干年過後，原來的地理卻轉變成爲歷史，顯現出歷史的意味。今日看來，一幅幅明代方志地圖就成爲對該地地理狀況的歷史記錄，其中所蘊含大量有價值的資料，便成爲研究歷史地理時，最佳的素材。

　　明代方志地圖描繪記載當時我國各地區從自然到社會各方面的基本情況，包括疆域、山川、名勝、建置、物產等，在使用這些明代方志地圖與歷朝各代的圖繪相比較時，便可看出其上所列地景地物的變遷與沿革。更還由於明代方志地圖仍多以寫景法繪製，採用立體形象符號表示地表的自然與人文現象，記實性強，比起文字記述，更能綜覽全區，一目瞭然，看出其上所繪地景地物的分布與形態。

　　明代方志地圖既是歷史地理資料保存的一種型式，若就其地圖本身分析，可得所列地理事物的大小形態與位置分布；若與前後時期同地區的地圖相比較，可知所繪地理事物的沿舊革新與改變遷襲。爲了進一步闡釋明代方志地圖在歷史地理資料保存上的價值，則又按地圖包含之自然地理資料與人文地理資料，分別說明其在地理學上的價值：

一、明代方志地圖保存了若干自然地理資料

　　在明代方志地圖上，有關自然地理資料的保存較少，主要包括山脈與水體，細心審閱這些有用的記錄，則可有助了解地形形態的分布與變遷。

在明代方志地圖上，山脈大多使用不規則之山形符號的錯落排列來表現，雖然，以現在的繪圖水準來看，這些山形符號顯得粗略失真，不夠準確，然而，仍能表示明代各地方山脈之形態與分布的大致情況，比起文字的敘述記載，更加清楚方便，一目瞭然。另外，山脈常因地震山崩、火山作用、人為開發等原因改變其分布與形態，藉由明代方志地圖與其前後期同地區的地圖相較，便可獲得各地山脈變遷的資料。

而明代方志地圖上，水體的表現主要包括河流、湖泊與海洋等，光就明代方志地圖來看，便可獲得當時各地河流延展、湖泊形狀、海岸分布等水文資料，比起用文字描述，更加簡明易懂，使讀者在閱覽後，能馬上對明代各地方的水文狀況產生一具體的意象。同樣地，這些水體也常因構造作用、人為開發等種種原因改變其形態與分布，與其他時期同地區的地圖作一比較，就可看出河流流路的遷徙、湖泊形狀的改變與海岸線的變遷。

二、明代方志地圖保存了有價值的人文地理資料

在明代方志地圖上，有關人文地理資料的保存比較豐富，主要包括疆域、城池、建置、道路等，仔細研讀這些圖繪記錄，也有助於了解這些人文現象的形態、分布與沿革變遷。

疆域主要表現一地轄區之範圍，藉由明代方志地圖，可知當時一省、一府、一州、一縣其疆域的形狀與大小。比較於前後時期同地區的地圖，更可了解疆域範圍的變遷與沿革。

在明代方志地圖上，城池是一重要而不可或缺的地理要素，欲知明代這些城池的輪廓形狀、範圍大小、所在位置與分布關係，一幅幅分屬各地之明代方志地圖就可簡單清楚地提供這樣一個資料。隨著時間的演進，明代這些城池在歷史上之沿革與變遷的狀況，同樣也可經由明代方志地圖與其前後朝代同地區之地圖相較來獲得。

所謂建置主要包括縣治、儒學、書院、廟宇、陵墓等的建築與衛所、營隘、教場等的配置，由明代方志地圖，便可看出當時各地這些建築物的外觀形態與這些配置的位置分布，各種不同性質的建築在外貌上有何差異與特徵，各種軍事用途的配置在分布上又如何因應自然條件與實際需要，藉著圖繪的表現，便很容易明白。至於明代這些建置演替與改變的狀況，或許也可由其他時期地圖之相互比較來了解。

道路在明代方志地圖上亦是一重要的地理要素，當時各地道路之延展的方

向、連繫的狀況，甚或距離的長短，都可由圖上讀出。當然，引用不同時期的地圖來比較，一樣可發現道路隨時間的經常變動，有的被添置，有的則被廢棄。

　　明代方志地圖，一如我國其他時期之方志地圖，原以描繪當時各地之地理狀況為主，隨著時間的過去，這些地理圖就自然而然地轉變成歷史，成為研究歷史地理的最佳素材，例如聯絡黃河和江淮的古汴河，並不穩定，時常改變，因此古汴河的水道，也隨之有所遷移，由方志地圖的研究便可明瞭它究竟流過那些地方，以及其水道先後變遷的情形。這些明代方志地圖，同時包含自然與人文地理的資料，單獨研究時，便可看出其上所繪地景地物的形態與分布，若與其前後時期同地區的地圖作比較時，又可看出其上所列地景地物的沿革與變遷，比起文字的敘述記載，更加簡明易懂，一目瞭然，能使讀者對明代各地方之地理狀況馬上有一具體的概念。當然，由於歷史條件的限制，明代方志地圖仍有些謬誤，但其中所保存豐富之歷史地理資料卻不容忽視，至於如何取其精華，從這寶貴的歷史遺產中，發掘出大量有價值的資料，則還有待更進一步的努力。

第二節　地圖編纂設計參考的價值

　　地圖是利用其特有的符號系統來表示地表各種複雜的自然與人文現象，至今，地圖的應用範圍日愈擴大，為求地圖能清晰易讀，一目瞭然，在將廣大的地表形態縮繪到較小的平面圖紙上時，常必須經由資料編纂與圖面設計的手續，因而地圖的製作，可謂是學術、藝術與技術的結晶，甚為繁難。

　　現在，地圖繪製理論與技術的發展已相當進步，達到空前未有的境地，如今的地圖學已是一門包含理論與應用的獨立學科。但地圖繪製理論與技術的發展並非一朝一夕，一蹴可成的，而是長久以來，歷經不同時期階段許多人的改革創新，才有現今的局面。前人製圖的心血與經驗就累積匯集成今日製圖的技術與理論，由此可知，歷代的地圖製作嘗有助於當代地圖繪製的進步，對於後期地圖之改進與發展，早期的地圖作品常具有參考利用的價值，明代方志地圖自不例外。

　　明代方志地圖仍受西晉裴秀製圖理論的影響，在繪製和成圖上，與使用西方繪圖技術之現代地圖不盡相同，雖說明代方志地圖，無論在繪製技術和成圖精度上都較粗略，但卻仍是一重要而有價值的材料，其資料編纂與圖面設計，不管好壞，得當與否，都足以作為一個參考，可資後世的製圖者學習利用、變更改進或心生警惕。

　　在選擇地圖資料時，除可根據地圖的標題與目的外，明代方志地圖等古地圖

也常可作為取捨標準的一個參考。那些資料該選取保留，那些資料又該捨去刪除，透過與所欲繪地圖相類似之明代方志地圖，則有助於地圖資料選擇的決定。

欲表現的地圖資料一旦選定後，則要使用花紋、色彩、文字等符號系統繪製於圖紙上，也就是將各個地景地物符號化呈現。在決定符號的形狀與大小，花紋的結構與排列，文字的字體與配置，乃至線條的方向與粗細等時，明代方志地圖等早期地圖又可提供一參考的價值。對於過去設計良好的符號、花紋、文字、線條等，在今日的地圖繪製上，便可加以學習利用；對於過去設計不良者，則應加強改進或謀變更之道；而對於設計粗劣誤謬者，就當心生警惕，並將之刪除摒去，不復使用。

另外，在地圖圖面設計上，明代方志地圖亦能發揮重要的參考價值。首先，在決定地圖版式時，明代方志地圖各式各樣的版式，就提供了多種多樣的表現型式，從中便可挑選出比例完美、切合需要的版式，以為現代地圖繪製之使用；其次，為求地圖的清晰美觀與簡明易讀，圖面上的各要素常必須經過適切的安排，使符號、花紋、文字、標題彼此間協調一致，不致顯得凌亂突兀，而在進行圖面要素的排列與配置時，明代方志地圖等先前的圖繪也具有參考的價值，從中可明辨何謂好的圖面設計，何謂不好的圖面設計，以使現代地圖圖面設計時，能吸收其長處，而避免其缺點。

明代方志地圖是繪於幾百年前的古地圖，其製圖理論與現今使用之製圖理論大不相同，在現代地圖的編纂設計中，明代方志地圖可提供參考的價值，有些優點可茲利用，有些缺點則應避免，而顯露於不同文化時期之地圖，也助益地圖學者美感價值領略和辨識的發展。

第五章 結 論

　　方志地圖起源甚早，發展歷史悠久，是一種我國特有的專門地圖，也是地圖和方志最古老的表現形式。早在使用文字記志之前，人們已開始用方志地圖記述各地疆域、山川、城池、物產等，方志地圖因而成爲歷代君王借以統治國家必備的工具。

　　本文主要研究我國的方志地圖，然其數量過於龐大，無法一一閱讀，基於現存數量與蒐集難易的考量，特選擇明代方志地圖爲例來作說明。又限於時間、體力與金錢，而在臺灣現存將近650種明代方志中，大致以比例抽樣抽取了275種，以其所含1,387幅明代方志地圖爲研究的基礎。依地圖的各項特性來分析，明代方志地圖的特色可如下列幾點所述：

1、明代各方志所含之地圖數量多寡不一，最多者爲《萬曆紹興府志》，有78幅，少者卻一幅也無。含0至5幅地圖之方志佔大多數，約四分之三強，而平均每種方志約有地圖5幅。另外，成於嘉靖（1522～1561）及萬曆（1573～1620）兩帝王之方志地圖佔絕大多數，可見明代方志地圖之編纂是後期盛於前期；而以省分來看，內地各省所繪的方志地圖，比偏遠各省爲多。

2、明代方志地圖的內容繁雜，大略可分爲地理圖（疆域圖、總圖、總屬圖、四境圖、全境圖）、府（州、縣）境圖、府（州、縣）城圖、府（川、縣）治圖、儒學圖（縣學圖、學圖、學宮圖、學署圖、學廟圖、廟學圖）、書院圖、鄉圖、里圖、街圖、歷代沿革圖、山圖、水圖、山川圖、風景圖、廟圖（寺圖、祠圖、壇圖、塔圖、觀圖、社稷圖）、墓圖（陵圖）、衛所圖、邊防圖、營隘圖（營圖）及教場圖（草場圖），其中以前四種圖最爲常見，常構成大多數明代方志所含地圖內容的主體。

3、明代方志地圖缺乏比例尺的表現，既無計里畫方的網格，也無縮尺大小的

標註，因此，地圖上距離和方位的表示不甚準確。

4、本文所引用之明代方志都不是原來原書，而是顯微膠卷膠片的形式，以致無法確知明代方志地圖版式的絕對尺寸大小。但以長闊的比例關係來看，明代方志地圖版式大小比值主要集中於 0.64-0.81 與 1.40-1.61 間，主要原因就在於明代方志地圖的繪製常必須配合地方志書一頁紙張之大小。

5、侷限於當時的科學技術水平，明代方志地圖普遍以寫景法來描繪地理事物，因而談不上系統化的地圖符號，唯少數明代方志地圖，因所欲描繪之面積範圍較大，常用簡單示意的形象圖案來表達地圖內容，這些形象圖案有的就類於所謂的地圖符號。

6、明代方志地圖之文字書寫主要有兩種方式，一是以毛筆脫手書寫，一是利用雕刻印刷。而地圖文字之字體、字形與字的大小則隨所屬各方志有所不同。至於其文字註記的布置方式大多以水平字列與垂直字列表現，後者出現的頻率又較高。這些地圖文字擺設的位置又常不一致，不僅各方志地圖間有差異，即便在同一幅地圖上亦是如此，沒有一定的規範可循。為求醒目，有些明代方志地圖上的文字常加有方框或套有橢圓形圈。而為便於四面圍觀，有些明代方志地圖上，文字標註方向多由四方圖框向中心來書寫，以致地圖文字書寫方向上下顛倒，左右相反。

7、在明代方志地圖上，花紋主要用於水體和城牆的表現，藉由視覺的差異，使其個別與其他地圖符號明顯分開。

8、明代方志地圖之標題的表現差異頗大，無一定規範可言，有些方志地圖根本將其略去，而無標題的表示，其餘有標題表示之明代方志地圖，其形式與配置則又多有出入，不盡相同，難有一定的規範與原則，但不管如何，標題的設計大致還是配合整個地圖的需要與目的。

9、自裴秀以降，我國地圖學以製圖六體和計里畫方為主體，到明代由羅洪先集其大成，可是明代方志地圖並未完全承襲這一傳統，這是十分可惜的事，不然明代方志地圖的學術和應用價值將更大。

以今日的製圖水準來看，如明代方志地圖等的這些早期方志地圖常顯得有些粗略，甚或有一些誤謬不合理之處，但不可諱言的，在此寶貴的歷史遺產中，卻蘊含了大量有價值的資料，可供歷史地理研究與地圖編纂參考之用。在研究歷史地理時，利用這些方志地圖，就可明瞭當時一地地理現象的形態與分布，再由同一地區前後的方志地圖作比較，又可瞭解該地地形地物隨時間的沿革與變遷，比起文字敘述，更加清晰易懂，一目瞭然。而在進行地圖編纂設計時，這些屬於不

同文化時期的方志地圖，不論製作得好或不好，都具有參考的價值，在資料編纂
與圖面設計的過程中，學習利用其優點，摒除改善其缺點，使現今的地圖製作更
臻完善。總之，方志地圖是一極具學術價值的資料，只要進一步清理研究，認真
地取其精華，去其糟粕，便能發掘出許多有用的資料，發揮其應有的作用。

附錄一　臺灣現存之明代方志（※表示本研究所引用之方志）

一、江蘇省

※01-013 正德金陵古今圖考	01-111 萬曆青浦縣志
01-014 金陵世紀	※01-112 萬曆青浦縣志
01-019 洪武京城圖志	※01-117 正德金山衛志
01-020 嘉靖南畿志	01-126 弘治太倉州志
01-021 南樞志	※01-127 崇禎太倉州志
01-023 萬曆應大府志	01-134 萬曆嘉定縣志
※01-029 萬曆江寧縣志	※01-145 正德崇明縣重修志
※01-031 萬曆上元縣志	※01-146 萬曆新修崇明縣志
※01-038 萬曆重修鎮江府志	※01-152 嘉靖海門縣志集
※01-041 正德丹徒縣志	01-161 續吳郡志
01-045 崇禎開沙志	01-162 正德姑蘇志
01-048 弘治句容縣志	※01-163 洪武蘇州府志
※01-051 萬曆溧水縣志	01-168 萬曆長洲縣志
01-055 正德高淳縣志	※01-169 萬曆長洲縣志
01-059 萬曆江浦縣志	01-170 萬曆長洲縣志
※01-060 崇禎江浦縣志	01-172 崇禎吳縣志
※01-063 嘉靖六合縣志	01-180 弘治常熟縣志
※01-064 萬曆六合縣志	※01-181 嘉靖常熟縣志
※01-068 隆慶丹陽縣志	01-182 常熟私志
※01-076 弘治溧陽縣志	01-191 嘉靖崑山縣志
01-079 正德松江府志	01-192 萬曆重修崑山縣志
01-082 崇禎松江府志	※01-196 弘治吳江志
01-089 天啓雲間志略	※01-198 嘉靖吳江縣志
※01-090 正德華亭縣志	01-199 嘉靖吳江縣志
01-094 弘治上海志	01-207 成化重修毗陵志
01-095 嘉靖上海縣志	01-208 正德常州府誌續集
※01-096 萬曆上海縣志	※01-209 萬曆重修常州府志

※01-212　萬曆武進縣志　　　　01-287　嘉靖維揚關志
　01-215　洪武無錫縣志　　　　01-288　嘉靖惟揚志
※01-216　萬曆無錫縣志　　　※01-289　萬曆揚州府志
※01-228　萬曆宜興縣志　　　　01-294　萬曆江都縣志
※01-236　嘉靖荊溪外紀　　　※01-306　隆慶儀眞縣志
※01-237　嘉靖江陰縣志　　　※01-310　嘉靖興化縣志
　01-243　隆慶靖江縣志　　　※01-311　萬曆興化縣志
※01-246　嘉靖通州志　　　　※01-314　崇禎泰州志
※01-247　萬曆通州志　　　　　01-319　隆慶高郵州志
　01-251　嘉靖如皋縣志　　　　01-327　嘉靖寶應縣志略
※01-252　萬曆如皋縣志　　　※01-332　正統彭城誌
※01-256　萬曆泰興縣志　　　※01-333　弘治重修徐州志
※01-259　嘉靖清河縣志　　　　01-334　嘉靖徐州志
※01-265　正德淮安府志　　　　01-335　萬曆徐州志
　01-266　萬曆淮安府志　　　※01-342　隆慶豐縣志
※01-267　天啓淮安府志　　　　01-345　萬曆沛志
　01-271　崇禎淮安府實錄備草　※01-351　嘉靖重修邳州志
※01-284　萬曆鹽城縣志　　　　01-361　隆慶海州志

二、浙江省

※02-001　嘉靖浙江通志　　　　02-097　天啓吳興備志
※02-022　成化杭州府志　　　　02-098　弘治湖州府志
　02-023　萬曆杭州府志　　　　02-099　萬曆湖州府志
　02-031　嘉靖仁和縣志　　　　02-103　嘉靖吳興掌故集
　02-033　萬曆錢塘縣志　　　　02-111　崇禎烏程縣志
※02-037　嘉靖海寧縣誌　　　　02-124　嘉靖武康縣志
　02-041　崇禎海昌外志　　　※02-128　嘉靖安吉州志
※02-045　正統重修富春誌　　　02-142　成化寧波郡誌
※02-063　嘉靖嘉興府圖記　　　02-143　成化寧波府簡要志
※02-064　萬曆嘉興府志　　　　02-144　嘉靖寧波府志
　02-070　萬曆秀水縣志　　　※02-150　天啓慈谿縣志
　02-078　天啓海鹽縣圖經　　　02-161　萬曆象山縣志
　02-082　續澉水誌　　　　　　02-165　嘉靖定海縣志
　02-083　澉水新誌　　　　　　02-170　天啓舟山志

※02-172	萬曆紹興府志	02-259	萬曆金華縣志
※02-180	萬曆會稽縣志	02-263	正德蘭谿縣志
02-184	天啓山陰縣志	02-264	萬曆蘭谿縣志
02-192	萬曆新脩餘姚縣志	02-269	崇禎義烏縣志
02-196	萬曆上虞縣志	02-278	嘉靖浦江志略
02-197	萬曆新修上虞縣志	02-287	萬曆續修嚴州府志
※02-206	成化新昌縣志	※02-295	嘉靖淳安縣志
02-207	萬曆新昌縣志	02-301	萬曆遂安縣志
※02-212	弘治赤城新志	※02-305	嘉靖重修壽昌縣志
※02-221	萬曆黃巖縣志	02-311	嘉靖溫州府志
02-226	萬曆仙居縣志	※02-312	萬曆溫州府志
02-229	崇禎寧海縣志	02-314	嘉靖永嘉縣志
02-232	嘉靖太平縣志	02-317	成化處州府志
※02-236	嘉靖衢州府志	※02-318	成化處州府志
※02-237	天啓衢州府志	※02-344	嘉靖宣平縣志
※02-242	萬曆龍游縣志	※02-349	萬曆景寧縣志
※02-247	天啓江山縣志	02-353	嘉靖瑞安縣志
※02-250	萬曆常山縣志	02-355	永樂樂清縣志
02-257	萬曆金華府志	02-358	隆慶平陽縣志

三、安徽省

03-007	正德廬陽志	03-045	萬曆六安州志
※03-010	萬曆廬州府志	※03-051	弘治太平府志
※03-013	萬曆合肥縣志	03-052	嘉靖太平府志
03-015	嘉靖安慶府志	※03-055	嘉靖廣德州志
※03-018	弘治桐城縣志	03-056	萬曆廣德州志
03-028	萬曆望江縣志	※03-061	嘉靖建平縣志
※03-030	萬曆舒城縣志	※03-064	嘉靖新安志補
※03-032	隆慶巢縣志	※03-065	弘治徽州府志
※03-034	正德無爲州志	※03-066	嘉靖徽州府志
※03-035	正統和州志	03-070	萬曆歙志
03-036	嘉靖和州志	※03-081	萬曆祁門縣志
※03-037	萬曆和州志	※03-083	萬曆績溪縣志
※03-042	嘉靖含山邑乘	03-085	嘉靖寧國府志
※03-044	嘉靖六安州志	03-086	萬曆寧國府志

※03-101	正德池州府志	※03-135	弘治直隸鳳陽府宿州志
03-102	嘉靖池州府志	03-136	嘉靖宿州志
※03-103	萬曆池州府志	※03-137	萬曆宿州志
03-108	嘉靖銅陵縣志	03-140	正德潁州志
※03-109	萬曆銅陵縣志	※03-141	嘉靖潁州志
※03-111	嘉靖石埭縣志	03-142	萬曆潁州志
03-112	萬曆石埭縣志	※03-147	萬曆太和縣志
※03-116	萬曆東流縣志	※03-149	萬曆霍邱縣志
※03-120	萬曆青陽縣志	※03-155	嘉靖亳州志
※03-122	成化中都志	※03-158	萬曆帝鄉紀略
※03-124	天啓鳳書	03-163	萬曆盱眙縣志
※03-125	萬曆鳳陽縣志	※03-166	嘉靖皇明天長志
※03-130	嘉靖懷遠縣志	※03-169	萬曆滁陽志
※03-131	萬曆懷遠縣志	※03-171	天啓新修來安縣志
※03-132	嘉靖壽州志	※	太平縣志

四、江西省

※04-001	嘉靖江西通志	04-099	天啓贛州府志
04-003	嘉靖江西省大志	04-119	萬曆南安府志
04-009	江西輿地圖	※04-128	嘉靖崇義縣志
04-011	萬曆南昌府志	※04-131	萬曆寧都縣志
※04-017	嘉靖進賢縣志	04-132	嘉靖瑞金縣志
04-022	萬曆南豐縣志	※04-133	萬曆瑞金縣志
04-029	嘉靖撫州府志	04-136	嘉靖九江府志
04-051	萬曆吉安府志	04-141	隆慶瑞昌縣志
04-058	正德袁州府志	※04-144	萬曆彭澤縣志
04-059	嘉靖袁州府志	04-146	正德南康府志
04-060	嘉靖袁州府志	04-149	正德建昌府志
※04-062	萬曆泰和志	04-150	萬曆建昌府志
04-074	隆慶臨江府志	※04-151	萬曆建昌縣志
※04-075	嘉靖臨江府志	04-153	正德饒州府志
※04-077	崇禎清江縣志	※04-166	嘉靖靖安縣志
※04-090	崇禎瑞州府志	04-170	嘉靖東鄉縣志
※04-093	嘉靖上高縣志	04-172	萬曆弋陽縣志
04-098	嘉靖贛州府志	04-173	嘉靖永豐縣志

五、湖北省

05-001　正德湖廣圖經志書	05-081　嘉靖隨志
05-002　萬曆湖廣總志	05-087　嘉靖應山縣志
※05-013　正統嘉魚縣志	05-092　萬曆襄陽府志
※05-027　嘉靖興國州志	05-096　嘉靖興都志
05-031　嘉靖漢陽府志	05-097　萬曆承天府志
05-032　萬曆漢陽府志	05-127　正德光化縣志
※05-041　嘉靖黃陂縣志	05-130　萬曆鄖陽府志
05-048　嘉靖沔陽州志	05-135　萬曆鄖台志
05-050　弘治黃州府志	05-152　嘉靖荊州府志
※05-053　萬曆黃岡縣志	05-153　萬曆荊州志
05-061　嘉靖鄞州志	05-161　成化公安縣志
05-071　嘉靖羅田縣志	※　　　重刊公安縣志
05-075　正德德安府志	

六、湖南省

06-007　嘉靖長沙府志	06-060　弘治永州府志
06-012　嘉靖湘陰縣志	※06-061　隆慶永州府志
※06-014　嘉靖瀏陽縣志	※06-075　萬曆江華縣志
※06-020　嘉靖湘潭縣志	06-079　萬曆郴州志
※06-031　嘉靖安化縣志	06-094　嘉靖常德府志
06-033　隆慶寶慶府志	06-098　隆慶岳州府志
※06-037　嘉靖新化縣志	※06-099　萬曆岳州府志
06-043　嘉靖衡州府志	06-106　萬曆桃源縣志
06-044　萬曆衡州府志	06-109　嘉靖澧州直隸州志
※06-051　弘治衡山縣志	06-116　萬曆慈利縣志
※06-059　洪武永州府志	※06-144　洪武靖州志

七、四川省

※07-001　萬曆四川總志	07-177　嘉靖洪雅縣志
07-009　天啓新修成都府志	07-234　嘉靖馬湖府志
07-115　萬曆合州志	※07-267　嘉靖保寧府志
07-121　正德夔州府志	07-298　萬曆潼川州志
07-126　嘉靖雲陽縣志	

八、西康省

九、福建省

09-001 弘治八閩通志	09-088 嘉靖永春縣志
※09-002 崇禎閩書	※09-092 嘉靖德化縣志
09-013 閩部疏	09-094 萬曆大田縣志
09-014 閩都記	※09-096 嘉靖龍巖縣志
※09-018 萬曆福州府志	※09-101 弘治汀州府志
09-019 萬曆福州府志	09-102 崇禎汀州府志
※09-024 萬曆古田縣志	※09-114 正德歸化縣志書
※09-028 弘治長樂縣志	09-115 萬曆歸化縣志
09-029 崇禎長樂縣志	09-120 正德漳州府志
※09-036 萬曆羅源縣志	09-121 萬曆漳州府志
※09-039 嘉靖羅川志	09-122 崇禎漳州府志
09-040 萬曆永福縣志	09-125 嘉靖龍溪縣志
09-044 萬曆福寧州志	※09-130 萬曆南靖縣志
※09-045 萬曆福寧州志	09-135 崇禎海澄縣志
※09-050 嘉靖寧德縣志	09-139 嘉靖延平府志
※09-051 萬曆寧德縣志	※09-143 萬曆將樂縣志
09-053 崇禎壽寧縣志	09-145 嘉靖沙縣志
09-055 萬曆福安縣志	※09-148 嘉靖尤溪縣志
09-065 弘治興化府志	09-149 崇禎尤溪縣志
09-066 萬曆興化府志	09-155 萬曆永安縣志
09-068 嘉靖仙游縣志	※09-158 弘治建寧府志
09-070 萬曆泉州府志	09-159 嘉靖建寧府志
09-078 嘉靖惠安縣志	09-166 嘉靖建陽縣志
09-079 萬曆惠安縣續志	※09-171 萬曆政和縣志
09-080 惠安縣志論	09-175 嘉靖邵武府志
09-084 嘉靖安溪縣志	※09-176 萬曆邵武府志

十、臺灣省

十一、廣東省

11-001 嘉靖廣東通志	11-018 萬曆南海縣志
11-002 萬曆廣東通志	※11-025 萬曆順德縣志
11-006 粵大記	11-029 天順東莞舊誌

11-037	嘉靖香山縣志	11-153	隆慶潮陽縣志
※11-044	萬曆新會縣誌	※11-154	隆慶重修潮陽縣志
11-057	崇禎肇慶府志	※11-162	萬曆普寧縣志略
11-075	天啓封川縣志	11-167	正德興寧縣志
※11-086	萬曆西寧縣志	11-168	崇禎興寧縣志
※11-089	嘉靖韶州府志	11-176	萬曆高州府志
11-102	嘉靖仁化縣志	11-193	萬曆雷州府志
11-106	嘉靖翁源縣志	11-207	嘉靖欽州志
11-119	嘉靖惠州府志	11-210	崇禎廉州府志
11-120	嘉靖惠州府志	11-216	正德瓊臺志
11-121	嘉靖惠志略	11-217	萬曆瓊州府志
11-140	永樂潮州府志	11-231	萬曆儋州志
11-141	嘉靖潮州府志		

十二、廣西省

12-001	嘉靖廣西通志	12-016	崇禎梧州府志
12-002	萬曆廣西通志	12-084	萬曆賓州志
12-008	桂故	12-091	萬曆太平府志
12-009	嘉靖南寧府志	12-104	殿粵要纂

十三、雲南省

13-001	景泰雲南圖經志書	※13-097	嘉靖大理府志
13-002	萬曆雲南通志	※13-105	崇禎重修鄧川州志
13-047	嘉靖尋甸府志		

十四、貴州省

| 14-001 | 嘉靖貴州通志 | 14-035 | 嘉靖思南府志 |
| 14-002 | 萬曆貴州通志 | 14-045 | 嘉靖普安州志 |

十五、河北省

※15-009	永樂順天府志	※15-021	隆慶保定府志
※15-010	萬曆順天府志	※15-032	嘉靖固安縣志
15-020	弘治保定郡志	※15-033	崇禎固安縣志

15-039	天啓東安志	※15-215	嘉靖眞定府志
※15-043	萬曆香河縣志	※15-217	萬曆眞定縣志
15-047	嘉靖霸州志	※15-251	嘉靖藁城縣志
※15-051	嘉靖涿郡志	15-258	弘治易州志
15-052	正德涿州志	15-284	正統大名府志
※15-062	嘉靖薊州志	15-285	正德大名府志
※15-075	萬曆懷柔縣志	※15-295	嘉靖新修清豐縣志
※15-086	萬曆滄州志	※15-301	嘉靖開州志
※15-091	萬曆慶雲縣志	※15-305	嘉靖長垣縣志
15-099	嘉靖河間府志	※15-310	弘治順德府志
※15-100	萬曆河間府志	15-311	嘉靖順德府志
※15-102	萬曆河間乘史	※15-319	萬曆廣宗縣志
※15-108	萬曆任丘志集	※15-327	崇禎內邱縣志
※15-113	萬曆交河縣志	※15-330	隆慶任縣志
※15-116	萬曆寧津縣志	15-333	嘉靖廣平府志
※15-119	隆慶景州志	※15-343	萬曆廣平縣志
※15-127	萬曆故城縣志	※15-346	萬曆邯鄲縣志
※15-145	嘉靖灤州志	※15-351	萬曆威縣志
15-146	嘉靖灤州志	※15-354	嘉靖清河縣志
※15-155	隆慶豐潤縣志	※15-367	嘉靖南宮縣志
※15-159	崇禎文安縣志	※15-371	嘉靖新河縣志
15-173	萬曆新城縣志	15-381	隆慶趙州志
15-191	崇禎蠡縣志	※15-387	崇禎隆平縣志
15-196	嘉靖雄乘	15-389	萬曆臨城縣志
※15-197	萬曆雄乘	15-397	嘉靖山海關志

十六、山東省

※16-002	嘉靖山東通志	16-053	嘉靖武定州志
※16-010	萬曆章邱縣志	※16-054	萬曆武定州志
16-015	嘉靖淄川縣志	※16-064	萬曆濱州志
※16-016	萬曆淄川縣志	※16-074	萬曆新修霑化縣志
※16-030	萬曆齊東縣志	※16-077	萬曆蒲台志
16-039	弘治泰安州志	※16-079	崇禎商河縣志
16-041	萬曆泰安州志	※16-082	萬曆青城縣志
16-050	嘉靖萊蕪縣志	16-097	嘉靖滋陽縣志

16-100	崇禎曲阜縣志	16-208	嘉靖夏津縣志
※16-108	嘉靖新修兗州府鄒縣地理誌	16-211	萬曆丘縣志
16-109	萬曆鄒誌	16-213	萬曆德州志
16-113	萬曆滕縣志	16-221	萬曆平原縣志
16-118	萬曆泗水縣志	16-254	嘉靖朝城志
※16-121	萬曆汶上縣志	16-295	萬曆萊州府志
※16-132	萬曆沂州志	16-305	萬曆濰縣志
※16-163	萬曆東昌府志	16-317	萬曆即墨志
16-177	正德莘縣志	16-320	嘉靖青州府志
16-182	嘉靖冠縣志	16-321	萬曆青州府志
※16-183	萬曆冠縣志	16-336	嘉靖臨朐縣志
※16-191	嘉靖高唐州志	16-340	萬曆安丘縣志
16-197	萬曆恩縣志	16-345	萬曆諸誠縣志
16-204	嘉靖武城縣志		

十七、河南省

※17-001	成化河南總志	※17-117	嘉靖氾水縣志
※17-002	嘉靖河南通志	17-121	萬曆衛輝府志
※17-012	萬曆開封府志	17-125	萬曆武陟志
17-019	萬曆杞乘	17-129	嘉靖彰德府志
※17-024	嘉靖尉氏縣志	17-143	萬曆林縣志
17-030	嘉靖鄢陵志	※17-146	嘉靖內黃志
※17-034	正德中牟縣誌	17-153	正德新鄉縣志
※17-035	天啓中牟縣誌	17-156	萬曆獲嘉縣志
17-039	嘉靖蘭陽縣志	※17-159	嘉靖淇縣志
17-042	永樂潁川郡志	17-163	萬曆胙城縣志
※17-052	嘉靖歸德府志	17-166	嘉靖濬縣志
※17-060	嘉靖夏邑縣志	17-170	嘉靖滑縣志
17-068	弘治睢州志	17-179	正德懷慶府志
※17-073	嘉靖柘城縣志	17-180	嘉靖懷慶府志
17-084	萬曆項城縣志	※17-187	萬曆原武縣志
17-094	嘉靖許州志	※17-196	萬曆溫縣志
17-098	嘉靖臨潁志	17-199	萬曆陽武縣志
17-102	嘉靖襄城縣志	17-204	弘治河南郡志
17-112	嘉靖滎陽縣志	17-213	弘治偃師縣志

※17-223　隆慶登封縣志
17-235　嘉靖靈寶縣志
17-243　正德汝州志
17-246　嘉靖魯山縣志
※17-259　正統南陽府志
※17-260　萬曆南陽府志
17-273　嘉靖鄧州志
※17-275　成化內鄉縣志

※17-278　嘉靖裕州志
※17-283　嘉靖葉縣志
17-289　萬曆汝南志
※17-295　萬曆新蔡縣志
17-307　嘉靖光山縣志
17-310　嘉靖固始縣志
※　　　穎川郡志

十八、山西省

※18-001　成化山西通誌
※18-002　嘉靖山西通誌
18-003　崇禎山西通誌
※18-009　萬曆太原府志
18-010　崇禎太原府續志
18-014　嘉靖太原縣志
18-018　萬曆榆次縣志
※18-035　萬曆興縣誌
18-046　萬曆汾州府志
※18-066　弘治潞州志
18-067　萬曆潞安府志
※18-072　正德長子縣志
18-088　萬曆澤州志
※18-130　萬曆代州志書
18-133　萬曆懷仁縣志
18-136　崇禎山陰縣志

18-144　萬曆渾源州志
18-148　萬曆應州志
※18-154　萬曆馬邑縣志
18-162　萬曆忻州志
18-169　嘉靖崞縣志
18-170　崞縣志
18-183　正德平陽府志
18-184　萬曆平陽府志
※18-186　萬曆臨汾縣志
18-202　萬曆沃史
18-215　隆慶襄陵縣志
※18-222　嘉靖蒲州志
18-245　正德絳州志
※18-273　萬曆靈石縣志
18-288　嘉靖三關志
18-289　萬曆三關圖說

十九、陝西省

19-001　嘉靖陝西通志
19-002　萬曆陝西通志
19-012　嘉靖雍大記
※19-013　雍勝略
※19-028　嘉靖高陵縣志
※19-034　隆慶藍田縣志

※19-040　嘉靖涇陽縣志
※19-045　嘉靖重修三原志
19-052　嘉靖渭南縣志
※19-056　萬曆富平縣志
※19-059　嘉靖醴泉縣志
※19-064　萬曆同官縣志

※19-066	嘉靖耀州志	19-147	隆慶淳化志
※19-069	天啓同州志	※19-151	崇禎乾州志
19-079	正德朝邑縣志	19-156	正德武功縣志
19-081	萬曆續朝邑縣志	19-157	正德武功縣前志
19-087	嘉靖郃陽縣志	19-166	嘉靖漢中府志
19-089	嘉靖澄城縣志	19-179	萬曆寧羌州志
19-094	萬曆白水縣志	19-184	嘉靖略陽縣志
19-096	萬曆韓城縣志	19-192	萬曆重修漢陰縣志
19-101	萬曆華陰縣志	19-215	嘉靖商略商南縣集
※19-105	隆慶華州志	19-230	弘治延安府志
19-121	正德鳳翔府志	19-237	萬曆新修安定縣志
19-133	萬曆鄜志		

二十、甘肅省

20-017	萬曆臨洮府志	20-068	嘉靖慶陽府志
20-034	嘉靖秦安志	※20-082	嘉靖固原州志
20-039	嘉靖徽郡志	※20-083	萬曆固原州志
20-051	萬曆階州志	20-101	萬曆肅鎮華夷志
※20-059	嘉靖平涼府志	20-109	西關志

二十一、青海省

二十二、遼寧省

22-001	全遼志	22-004	遼東志
22-002	全遼志	※	重修全遼志
22-003	嘉靖遼東志		

二十三、安東省

二十四、遼北省

二十五、吉林省

二十六、松江省

二十七、合江省

二十八、黑龍江省

二十九、嫩江省

三十、興安省

三十一、熱河省

三十二、察哈爾省

32-008　嘉靖宣府鎮志　　　　　※32-033　萬曆永寧縣志

32-025　崇禎蔚州志　　　　　　　32-034　萬曆重修居庸關志

32-032　嘉靖隆慶志

三十三、綏遠省

三十四、寧夏省

※34-001　萬曆朔方新志　　　　　34-007　萬曆寧夏志

34-005　弘治寧夏新志　　　　　　34-008　萬曆寧夏志

34-006　嘉靖寧夏新志

三十五、新疆省

三十六、西藏地方

三十七、蒙古地方

附錄二　明代方志所包含的地圖數量

圖幅數	方志數	所佔百分比	累計百分比	圖幅數	方志數	所佔百分比	累計百分比
0	48	17.5	17.5	41	0	0	99.2
1	27	9.8	27.3	42	0	0	99.2
2	41	14.9	42.2	43	0	0	99.2
3	21	7.6	49.8	44	0	0	99.2
4	48	17.5	67.3	45	0	0	99.2
5	22	8	75.3	46	0	0	99.2
6	14	5.1	80.4	47	0	0	99.2
7	7	2.6	82.9	48	1	0.4	99.6
8	5	1.8	84.7	49	0	0	99.6
9	8	2.9	87.6	50	0	0	99.6
10	4	1.5	89.1	51	0	0	99.6
11	3	1.1	90.2	52	0	0	99.6
12	0	0	90.2	53	0	0	99.6
13	3	1.1	91.3	54	0	0	99.6
14	3	1.1	92.4	55	0	0	99.6
15	3	1.1	93.5	56	0	0	99.6
16	1	0.4	93.8	57	0	0	99.6
17	1	0.4	94.2	58	0	0	99.6
18	3	1.1	95.3	59	0	0	99.6
19	2	0.7	95.9	60	0	0	99.6
20	1	0.4	96.4	61	0	0	99.6
21	3	1.1	97.4	62	0	0	99.6
22	1	0.4	97.8	63	0	0	99.6
23	0	0	97.8	64	0	0	99.6
24	0	0	97.8	65	0	0	99.6
25	1	0.4	98.2	66	0	0	99.6
26	0	0	98.2	67	0	0	99.6
27	1	0.4	98.5	68	0	0	99.6
28	1	0.4	98.9	69	0	0	99.6
29	0	0	98.9	70	0	0	99.6
30	0	0	98.9	71	0	0	99.6
31	0	0	98.9	72	0	0	99.6
32	0	0	98.9	73	0	0	99.6

33	1	0.4	99.2	74	0	0	99.6
34	0	0	99.2	75	0	0	99.6
35	0	0	99.2	76	0	0	99.6
36	0	0	99.2	77	0	0	99.6
37	0	0	99.2	78	1	0.4	100.0
38	0	0	99.2	79	0	0	100.0
39	0	0	99.2	80	0	0	100.0
40	0	0	99.2				

附錄三　明代方志地圖的版式

版式大小比值	圖幅數	所佔百分比	累計百分比	版式大小比值	圖幅數	所佔百分比	累計百分比
0.13	1	0.07	0.07	0.84	5	0.36	88.54
0.23	3	0.22	0.29	0.85	3	0.22	88.76
0.24	1	0.07	0.36	0.86	2	0.14	88.90
0.26	1	0.07	0.43	0.88	1	0.07	88.97
0.31	1	0.07	0.50	1.29	1	0.07	89.04
0.33	1	0.07	0.57	1.35	3	0.22	89.26
0.34	2	0.14	0.71	1.38	1	0.07	89.33
0.35	3	0.22	0.93	1.40	10	0.72	90.05
0.36	1	0.07	1.00	1.41	6	0.43	90.48
0.37	3	0.22	1.22	1.42	8	0.58	91.06
0.48	1	0.07	1.29	1.43	5	0.36	91.42
0.51	1	0.07	1.36	1.44	9	0.65	92.07
0.62	1	0.07	1.43	1.46	7	0.50	92.57
0.63	4	0.29	1.72	1.47	9	0.65	93.22
0.64	20	1.44	3.16	1.48	3	0.22	93.44
0.65	18	1.30	4.46	1.49	1	0.07	93.51
0.66	8	0.58	5.04	1.50	4	0.29	93.80
0.67	28	2.02	7.06	1.51	11	0.79	94.59
0.68	21	1.51	8.57	1.52	1	0.07	94.66
0.69	28	2.02	10.59	1.53	17	1.23	95.89
0.70	60	4.33	14.92	1.54	1	0.07	95.96
0.71	167	12.04	26.96	1.55	4	0.29	96.25
0.72	148	10.67	37.63	1.56	6	0.43	96.68
0.73	176	12.69	50.32	1.57	9	0.65	97.33
0.74	139	10.02	60.34	1.58	2	0.14	97.47
0.75	56	4.04	64.38	1.59	4	0.29	97.76
0.76	70	5.05	69.43	1.60	7	0.50	98.26
0.77	89	6.42	75.85	1.61	19	1.37	99.63
0.78	54	3.89	79.74	1.62	1	0.07	99.70
0.79	60	4.33	80.07	1.64	1	0.07	99.77
0.80	28	2.02	86.09	1.65	1	0.07	99.84
0.81	17	1.23	87.32	1.66	1	0.07	99.91
0.82	7	0.50	87.82	1.67	1	0.07	100.00
0.83	5	0.36	88.18				

參考文獻

一、中文部分

1 ：《中國地理史話》（臺北：明文書局股份有限公司，1983 年出版）。

2 ：毛一波，《方志新論》（臺北：正中書局，1974 年出版）。

3 ：王以中，「地志與地圖」，《禹貢半月刊》，第 2 卷第 2 期（1934 年），頁 6～12。

4 ：王益厓，《中國科學史論集》，第一冊（臺北：中華文化出版事業委員會，1958 年出版）。

5 ：王庸，「明代輿圖彙考」，《圖書季刊》，第 3 卷 1、2 期合刊（1936 年），頁 7 ～18。

6 ：王庸，《中國地理學史》（臺北：臺灣商務印書館，1986 年出版）。

7 ：王德毅主編、劉靜貞協編，《中華民國臺灣地區公藏方志目錄》（臺北：漢學研究資料及服務中心，1985 年出版）。

8 ：石璋如等著，《中國歷史地理》，下冊（臺北：中國文化大學出版部，1983 年出版）。

9 ：李約瑟著、陳立夫主譯，《中國之科學與文明》，第六冊（臺北：臺灣商務印書館，1975 年出版）。

10：李泰棻，《方志學》（臺北：臺灣商務印書館，1968 年出版）。

11．宋晞，《方志學研究論叢》（臺北：臺灣商務印書館，1990 年出版）。

12：李麗雲、劉承洲，「略談地圖的性質、種類、功能與用途，」《中國地理學會會刊》，第 18 期（1990 年 7 月），頁 83～94。

13：金瑾樂、孫達、林增春編著，《地圖學》（北京：高等教育出版社，1987 年出版）。

14：金應春、丘富科編著，《中國地圖史話》（北京：科學出版社，1984 年出版）。

15：Arthur H. Robinson 著、姜道章譯，《地圖學》，上、下兩冊（臺北：臺灣省立師範大學出版組，1966 年出版）。

16：唐雅芝，「方志地圖的起源和發展，」《社會科學戰線》，總第 55 期（1991 年 7 月），頁 342～46。

17：徐聖謨編著，《地圖學》（臺北：中國地學研究所，1986 年出版）。

18：陳正祥，《現代地理學之觀念與方法》（臺北：臺灣商務印書館，1960 年出版）。

19：陳正祥，《中國方志的地理學價值》（香港：香港中文大學，1965 年出版）。

20：陳正祥，《中國文化地理》（香港：三聯書店，1981 年出版）。

21：陸權、喻滄主編，《地圖製圖參考手冊》（北京：測繪出版社，1988 年出版）。

22：程光裕、徐聖謨，《中國歷史地圖集》，第二冊（臺北：中華文化出版事業委員會，1955 年出版）。

23：程光裕，「宋代的地圖學」，《華岡文科學報》，第 18 期（1991 年 11 月），頁 185～91。

24：黃廈千，《地學通論》（臺北：正中書局，1954 年出版）。

25：盧良志編，《中國地學史》（北京：測繪出版社，1984 年出版）。

26：劉建國、徐鐵城，「鎮江博物館藏明代絹本南京（部分）府縣地圖」，《文物》，總 344 期（1985 年 1 期），頁 40～47。

27：劉建國，「明代絹本南京（部分）府縣地圖初探」，《文物》，總 344 期（1985 年 1 期），頁 48～52。

二、英文部分

1 ：Wan-Ru Cao, *"Characteristics in the development of the maps in China's Ming dynasty,"* unpublished paper, 16 pages.

2 ：Sen-Dou Chang, *"Manuscript maps in late imperial China,"* The Canadian Cartographer, vol. 11. No. 1 （1974）, pp. 1～14.

3 ：Tao-Chang Chiang & Mien-Hui Goh, *"The mapping of Singapore, 1603-1799,"* Science reports （Institute of Geography, Chinese Culture University）, No. 6 （1993）, pp.33～53.

4 ：J. B. Harley & David Woodward, *"Why cartography needs its history?"* The American Cartographers, Vol. 16, No. 1 （1989）, pp. 5～15.

5 ：Ke Liao, *"Cartography in China,"* in Chuan-Jun Wu et al., eds., Geography in China （Beijing：Science Press 1984）, pp. 203～14.